En oväntad flykt till Sverige
Inledning

Jag satt hemma med min fru och mina barn i vardagsrummet och tittade på en barnfilm. Vi kunde inte gå ut på grund av coronaviruset, som spreds från Kina och sedan fortsatte över hela världen. Flera länder började stänga sina gränser och andra förbjöd sina invånare att gå ut helt och hållet. Städerna började se ut som spökstäder, men Sveriges befolkning levde nästan som vanligt. Det kom information om att första coronavirussmittan hade nått Sverige. Folk började hamstra mat och toalettpapper. Över hela världen blev människor oroliga. Jag kunde inte gå till jobbet eftersom folkhälsohälsomyndigheten hade uppmanat alla att de som har förkylningssymptom varken skulle gå till jobbet eller skolan. I början av mars 2020 spreds viruset över hela världen. Från epidemi blev det till en pandemi. Efter c:a två månader hade över 40000 människor i Sverige smittats och 3900 hade dött. Folk blev oroliga. I över en vecka tittade jag på barnfilm med mina barn. När det började bli tråkigt kom jag på en bra idé - att skriva en bok om hur jag hamnade i Sverige. Jag har alltid tyckt att hur det kom sig att jag hamnade i Sverige är fascinerande. Då började jag skriva min historia så här...

1

Kapitel 1

I början av 90-talet var jag 17 år gammal. Vi bodde Addis Abeba, huvudstaden i Etiopien, i ett område som heter Kera. Jag har tio syskon. Min pappa heter Kassa Baraki och min mamma Asefashi Gebremussie. Vi var en stor familj. En dag satt jag i vår trädgård och tänkte på hur dagen skulle se ut. Klockan var två på eftermiddagen. Min pappa brukade sova efter maten. Det var en väldigt varm dag. Hela området var tyst då folk vilar vid den tiden på grund av värmen. Pappa brukade sova mellan klockan ett och två varje dag.

Vi fick inte gå ut om pappa var hemma, så jag brukade träffa mina kompisar efter det min pappa hade gått ut. Vi bodde i en villa med 7 rum och hade en stor trädgård. Där fanns det olika frukter och över muren hängde det fina blommor. I vårt område var det nästan som en tävling om vem som hade den finaste trädgården. Jag var också mycket intresserad av att vår trädgård skulle se fin ut. Vi hade en trädgårdsmästare. Han var gammal men stark. På torsdagar brukade han komma och vattna trädgården. Jag tyckte synd om honom för att han var gammal så jag brukade hjälpa honom att vattna trädgården. Han kunde stanna hemma men ändå få betalt. I trädgården fanns det vindruvor, rosor, citroner, mango m.m.

Mina kompisar heter Naser, Kahasay, Solomon Abay, Samuel Bidu, Osman och Eyasu Ferega. Jag träffade dem nästan varje dag på en cafeteria som Samuel Bidus pappa ägde. Den ligger i Legehar i Addis Abeba, Det var ungefär 4 km från mitt hus. Jag går alltid hem vid klockan 18 på kvällen innan min pappa kommit. Pappa blev arg om vi kom hem sent. Mina kompisar skrattade alltid åt mig.

"Jag har aldrig sett någon som respekterar sin pappa så som du" sade Samuel. Samuel är en av mina bästa kompisar. Han är också min kusin. Vi träffades varje dag. Samuel är en väldigt snäll och omtänksam kille och min pappa gillade honom. Därför fick jag gå ut om det var med honom. Solomon Abay och Naser och Kahasay är mina barndomsvänner. Vi föddes i Dese i Etiopien. Dese ligger ungefär 400km från Addis Abeba. Jag flyttade från Dese till Addis Abeba när jag var 12 år gammal. Pappa jobbade som lastbilschaufför i Addis Abeba och bodde där själv. Jag kommer ihåg när pappa överraskade oss med att flytta till Addis Abeba.

"Vi ska flytta till Addis Abeba nästa vecka" sa han. Vi blev både glada och ledsna. Jag tänkte på mina kompisar. "Hur ska jag klara detta?" tänkte jag. Men vi hade inget val. Vi bodde i ett litet hus med två rum. Vi var åtta barn och vi delade sängar. Det var väldigt trångt. Pappa kom sällan hem till oss eftersom han körde lastbil över hela Etiopien. Han bodde på ett hotell i Addis Abeba, som vår kusin ägde. Dörren till hans rum var alltid stängd och bara pappa sov där. Han betalade för hotellet per år och rummet öppnades bara när han kom dit. Pappa kom till oss ungefär tre gånger per år. När jag var liten saknade jag honom väldigt mycket.

Jag har aldrig berättat detta för någon. När jag saknade honom brukade jag gå till "Ketena 5", där lastbilarna samlades. Jag frågade lastbilsförarna om de hade sett min pappa. De flesta kände honom. Ibland berättade de för mig i vilken stadsdel han var. Ibland att han var på väg till oss.

På den tiden hade vi ingen telefon. Jag brukade informera min mamma om att pappa var på väg.

- "Vad du älskar din pappa" sa mamma. Jag älskade honom mycket. Han var min idol. Jag, Naser, Solomon Abay,

Solomon Asres och Brehan Asefa var nära kompisar. Vi bodde i ett område som heter "Tegre Sefer". Det betyder eritreanskt område. Vi var kända för att bråka. När det hände något i vårt område sa folk att " Tadesse och hans kompisar har gjort det". Mamma blev arg på mig och jag blev ofta bestraffad för sådant jag inte hade gjort. Jag hamnade alltid i bråk.

Alla mina kompisars pappor var också lastbilschaufförer och var sällan hemma. Det var därför vi ofta bråkade med folk. Jag blev alltid orolig när pappa kom till oss eftersom jag var rädd att våra grannar skulle berätta för honom. Jag ville inte att han skulle bli besviken på mig.

En sommardag åkte jag till en liten stad, som heter Hayik. Vi var där i två veckor. Min mammas bästa kompis, som heter Hiwot, bodde där med sin son Ashenafi. Han var min kompis. Hayik är en fin stad vid vatten. Folk åt ofta fisk. Jag tyckte att det var spännande att åka dit. Hiwot hade också nio barn. Hiwot var barndomskompis med min mamma. De gifte sig med varsin man i Eritrea och flyttade sedan tillsammans till Etiopien. När vi var barn trodde vi att de var syskon och kallade Hiwot för moster. Varje kväll grillade vi fisk. Det var den billigaste maten i Hayik. En dag kom en granne hem till oss för att anklaga mig.

Men min mamma blev förvånad eftersom jag inte ens var hemma. Jag var i Hayik. Våra grannar klagade ofta för att de tyckte att jag var gruppens ledare. Min mamma hade alltid bestraffat mig för saker som jag inte hade gjort. Efter den dagen började min mamma tro på mig och vi slutade bråka. Jag brukade åka till Hayik varje sommar. En sommar åkte jag dit med min lillebror Luwam och mina två systrar. Efter tre dagar började plötsligt kriget. Det var "Weyane ". Weyane var gerillasoldater som kämpade för Tigrays folkrörelse.

Man hörde granater och vapen. Det sköts överallt. Människor blev oroliga och sprang överallt. Jag och Luwam var i centrum där Hiwot jobbade. Många skrek i panik. Jag tog min lillebror med mig och sprang till busshållplatsen, som låg nära där Hiwot jobbade. Vi åkte hem till oss. Jag älskade Luwam så mycket och jag ville inte att något skulle hända honom.   Mellan Hayik och Dese är det 25km. När vi kom hem blev mamma förvånad över att jag kom med bara Luwam. Jag berättade för henne om kriget.

Mamma blev arg på mig för att jag vågade komma själv. Efter en dag hörde vi att kriget blivit värre i Hayik. Hiwots och Ashenafis hus träffades av en missil och Ashenafi skadades lindrigt i halsen. Mina systrar kunde inte komma hem. När det blev värre gick de hela vägen till fots. En bonde smugglade ut dem. Jag var lättad över att jag kom ut innan det blev värre.

Pappa ,Luwam Binyam När jag lämnade Landet

Min mamma när jag lämnade landet

När jag var åtta år gammal frågade pappa mig om jag ville åka med honom till Asab. Det ligger i Eritrea Dit är det ungefär 1000 km från Addis Abeba. Det var mycket varmt i Asab. På sommaren kunde det vara över 40 grader. Pappa hämtade mig på eftermiddagen och vi började åka mot Asab. Jag var mycket glad. I vår lastbil hade vi en säng. Jag har alltid tyckt att det var roligt att sova i bilen. Min mamma och mina bröder vinkade av oss när vi åkte. Först åkte vi till Ketena 5. Flera av min pappas kompisar körde tillsammans. Det kändes tryggare när det var flera lastbilar. Vi stannade varannan timme för att vila. Flera hotell och motell fanns på vägen. Nästan alla människor kände min pappa. Han presenterade mig för sina kompisar. Pappa var stolt. De flesta klagade på pappa för att han låtit mig få följa med. De var oroliga för mig på grund av värmen.

"Du vet att det kommer att bli mycket varmt i Asab" sa en av min pappas kompisar till pappa och undrade om jag skulle klara av värmen.

"Han kommer klarar den" sa pappa. Det blev varmare och varmare ju närmare vi kom Asab.

"När kommer vi fram?" frågade jag pappa.

"En dag kvar" svarade han. Hela resan skulle ta tre dagar.

Vägen mot Aseb

Jag blev orolig. Pappa körde max 40 km/h eftersom bilen var tung och vägen farlig. När man tittade ut genom fönstret blev man rädd. Ibland såg jag kors som människor hade spikat upp vid vägkanten och jag frågade pappa vad det var. Han berättade att det var människor som hade kört omkull och dött. Jag blev mycket orolig. Det fanns ingen belysning på vägen och det var mycket farligt att köra. Men de var tvungna att köra på nätterna för att det var lite svalare då. Det roligaste var att det fanns flera hotell på vägen. Hotellen var mycket fina fastän de låg i öknen. De är öppna på nätterna och stängda på dagarna på grund av värmen.

De serverade god mat och de flesta drycker och mineralvatten. Jag drack Fanta och Coca Cola hela tiden. Det hade ofta italiensk mat.

Efter tre dagar kom vi fram till Asab. Jag var mycket imponerad över att staden var så fin. Snälla människor med mycket temperament. Asab är en stad med hamn och flera stränder. Det ligger vid Röda Havet. De flesta människor gick utan kläder på överkroppen eftersom det var över 40 grader varmt. Jag tyckte synd om dem. Jag klarade inte ens en dag i värmen. Flera gånger om dagen duschade jag, men det hjälpte inte. Vattnet var ljummet och det kunde inte bli kallare eftersom vädret var så varmt. Jag fick nästan panik.

Pappa duschade mig med mina kläder på, men efter några minuter var kläderna torra. Vi bodde på ett fint hotell med fläkt i taket och det var skönt att sitta inne på hotellet. De fanns många människor som levde utan fläkt. De var ofta ute i skuggan. Man såg människor som sov på golvet. Folk jobbade mest på nätterna. Efter 3 dagar orkade jag inte mer.

Jag sa till min pappa att vi måste åka hem. Men Pappa hade planerat att vi skulle stanna 10 dagar. Det var mycket varmt och ingen luft. Jag kunde inte andas och jag fick panik. Pappa blev ledsen över att jag inte orkade mer än tre dagar i Aseb

Vi åkte på samma väg i tre dagar tillbaka. Det var en lång resa. Jag var i alla fall glad över att jag skulle få träffa mina kompisar. På vägen hem sov jag hela dagarna. Det var inte lika spännande som när vi åkte till Asab. Efter tre långa dagar kom vi hem. Jag berättade för mina kompisar och mina bröder om Asab och om allt som jag hade sett. Efter några dagar åkte pappa till Addis Abeba. En dag berättade min mamma för oss att vi skulle flytta till Addis Abeba.

Jag blev förvånad. Jag vill inte flytta. Jag hade redan fått uppleva hur det kändes att sakna mina kompisar. "Inte nu igen", tänkte jag.

Mina barndoms kompisar Naser Kahasay ,Selmon Abay,
Selemon Asres Och Jag.

När jag berättade för mina kompisar att vi skulle flytta blev de ledsna.

Vi har varit kompisar ända sedan vi var små. Ryktet om att vi skulle flytta spred sig i hela området. Det var tråkigt. Alla frågade mig om flytten. Pappa ringde till mamma och meddelade henne om att vi skulle förbereda oss.

- "Ni ska inte ta med några möbler" sa min pappa. Vi skulle åka med min farbror,Pappa kidane Kiflay som kör buss.

- "Vad ska vi göra med Adane?" frågade jag mamma.

-" Han ska inte åka med oss. Din pappa kommer att bli arg", svarade hon. Adane var en kille som levde på gatan som hemlös. Han var i min ålder. En dag såg jag några av min kompisar som sparkade på honom när han sov på gatan. Jag tyckte synd om honom. Jag skrek åt mina kompisar att det var taskig att slå en hemlös kille. Adane såg inte ut som en hemlös person. Han såg ut så som vanliga killar gör.

Jag sa till honom att han skulle följa med mig. Vi hade ett gemensamt kök och på vår gård fanns det 10 olika familjer. Jag ordnade en plats i det gemensamma köket där han kunde sova. Nästa dag hörde jag någon som skrek. Det var min mamma. Jag sprang och kollade vad det var. "Tjuv, tjuv", skrek hon. Jag sa till henne att det inte var någon tjuv. Jag förklarade för henne att Adane var hemlös och sov på gatan. Nästa dag sov Adane hos oss.

Jag bäddade åt honom på golvet och gav honom en tjock filt. Han blev så glad.

Han tyckte det var varmt och skönt och han berättade att det var länge sedan som han sovit inomhus. Han började hjälpa min mamma.

På den tiden var det brist på vatten och han hjälpte mamma att hämta vatten. Han började äta med oss. När man såg Adane såg det ut som

att han hade haft en bra familj tidigare. Han berättade att han bodde i Gonder. Det är en stor stad som ligger i Etiopien ungefär 500 km från oss. Han berättade att han nyligen kom därifrån på grund av att han bråkade med sin styvmamma. Adane berättade att hans pappa nyligen hade dött.

Han lämnade sina småsystrar med styvmodern, som var mycket elak. Han flyttade därifrån eftersom han inte orkade med henne. Han kom till Dese för att skaffa ett jobb men det blev inte som han hade tänkt sig. Till sist hamnade han på gatan. Han sa att han hade det jobbigt på gatan och att han var tacksam över att han fick komma till oss.

En dag sa min storebror Tedros till Adane att han kunde få låna pengar av honom. Sedan kunde han sälja cigaretter på gatan och lämna tillbaka pengarna när han hade tjänat. Adane blev glad och tackade för erbjudandet. Han lånade 10 Birr, det är ungefär 100 svenska kronor, som han köpte några cigaretter för. Adane började sälja cigaretter på gatan.

För att hjälpa honom körde jag och mina kompisar iväg alla andra killar som brukade sälja cigaretter i vårt område.

Det var bara Adane som fick sälja cigaretter efter den dagen. Efter några dagar betalade han tillbaka pengarna till min storebror. Han blev mycket populär i vårt område. Han började ge mig och mina kompisar pengar till fika. Jag var mycket stolt över mig själv, och över honom. Efter några månader fick han jobb som "Awtanti", en person som hjälper taxiförare. Han blev som en i vår familj.

- "Vad ska vi göra med Adane?" frågade jag min mamma.

- "Jag vet inte. Din pappa kommer inte att acceptera att någon ska bo med oss", svarade hon. Pappa gillade inte när någon kom hem till oss. Han brukade bli arg om någon främmande kom över. Särskilt om de var killar.

På det sättet var han mycket sträng. Jag blev ledsen och arg över att Adane inte fick följa med oss. Jag var även ledsen över att jag skulle få lämna mina kompisar; Solomon Abay, Solomon Asres, Naser Kahasay, Mohammed Ibrahim, Ibrahim Mohamed Shifa, Alem Sehay, Brehan Asefa m.m. Vi började umgås oftare.

Kapitel 2

En dag kom min farbror tidigt på morgonen och sa till oss att vi skulle förbereda oss. Vi skulle bli hämtade klockan 06 nästa morgon.

Alla mina kompisar, mina syskons kompisar och min mammas kompisar var där. Det var mycket folk hos oss. Alla satt i var sin kompisgrupp och pratade hela natten. Jag och mina kompisar satt i hörnet. Vi hade den finaste platsen. Det var mysigt och jag önskade att natten aldrig skulle ta slut. Jag lovade alla att jag aldrig skulle glömma bort dem. Adane var ledsen. Vi bestämde oss till slut för att åka utan honom. Men han hade iallafall pengar, hade fått ett bra jobb och kunde bo på hotell. Klockan 06 kom min farbror med en stor buss. Jag sa farväl till mina kompisar och de andra gästerna som var där innan vi gick in i bussen. Alla som hade sovit kvar hos oss stod utanför och vinkade. Jag kommer aldrig att glömma den dagen. I bussen var vi tysta. Jag blev ledsen för jag visste att jag aldrig skulle få träffa dem igen. Resan skulle ta tio timmar och alla var trötta. Ingen hade sovit på hela natten. Min farbror väckte oss sedan till lunchen klockan 12.

Vi gick in på ett hotell och åt lunch innan vi åkte vidare. Vid klockan 17 kom vi fram till vårt nya hus.

Pappa stod på verandan i sin vita pyjamas och sa "välkommen hem".

Vi skrattade. Pappa var stolt när han visade huset.

- "Ni får titta på insidan", sa han stolt.

Vi gick in och tittade. Det var ett nymålat hus med flera rum och fina möbler som matchade huset, När man kom in såg man först matsalen, tjejernas rum, vardagsrummet, sen pappas och mammas rum. Vi killar valde servicerummet utanför villan.

Det fanns fyra rum till. Jag tycker det var roligt att flytta in i ett stort hus. Tidigare levde vi alla tillsammans i två rum, så det var en stor skillnad. Jag kommer fortfarande ihåg känslan när jag blev överraskad.

Pappa berättade att han slutade jobba för gott och att han hade ordnat en annan anställd, för att han ville vara med oss istället. Han berättade att han hade kämpat för att vi skulle leva tillsammans.

Ärlig talat så hade jag undrat varför han inte ville leva med oss tidigare. Jag var glad och skulle inte bli orolig mer. "Jag slipper sakna honom", tänkte jag. Jag var så glad.

Pappa Tedros och Haben i vårt hus

Kapitel 3

Vi började trivas med att leva i det nya huset och efter några veckor fick vi platser i en skola. Jag kände mig ensam och saknade alla mina kompisar. Jag ringde till Solomon Abay flera gånger. Det blev tråkigt att lära känna nya människor. En dag kom min moster med sin son Samuel. Han var nästan i samma ålder som jag. Samuel var en bra och omtänksam kille. Jag gillade honom direkt. Vi började träffas i deras cafeteria och jag lärde känna Samuels kompisar. Osman blev min bästa kompis. Han var snäll som Samuel. Vi träffades varje dag. En dag kom pappa med två stycken hundvalpar. Jag hade alltid önskat mig en hund.

Min mamma anställde två tjejer som hjälp hemma. Tjejerna fick ett rum som de sov i tillsammans. De hjälpte till med att laga mat, tvätta kläder, städa m.m. Tidigare hade mamma gjort allting själv. Min mamma mådde bra och hon förändrades så mycket. Hon såg ut som en drottning. Pappa köpte ofta kläder till henne. Han anställde en äldre man som vaktade huset eftersom det fanns många tjuvar på nätterna i Addis Abeba. Jag ångrade att Adane inte följt med oss. Han kunde ha varit vår husvakt. Mitt rum blev populärt eftersom att jag dekorerade det fint och målade fina tavlor. Min mamma och tjejerna drack eritreanskt kaffe i mitt rum på dagarna. Jag tyckte att det var roligt att de valde just mitt rum. På kvällarna satt vi i vardagsrummet och tittade på tv. Pappa hade alltid gabi på sig. Gabi är ett traditionellt eritreansk klädesplagg som man använder när det är kallt.

Mamma brukade grilla majs, som kom direkt från trädgården.

På kvällarna hade vi det mysigt, men vi var lite spända eftersom vi inte var vana vid att umgås med pappa. Pappa var sträng och alla var rädda för honom. På kvällarna vid 19-tiden var den stora metalldörren stängd.

En dag gick jag ut och träffade mina kompisar i Arat Kilo, där presidentpalatset ligger. Vi var flera stycken. Det var Tewodros Beidus kompisar som bodde där. Tewodros är Samuels lillebror. Vi var ungefär 12 stycken i lägenheten. Vi hade det mycket roligt. Det var alltid tråkigt att gå hem före alla mina kompisar. De skrattade alltid åt mig när jag började titta på klockan.

Plötsligt hörde vi en kraftig smäll, men visste inte vad det var. En kille sprang in i rummet och berättade att det hade hänt något. Sedan hörde vi vapen avfyras. Det var ett hemskt ljud. Man kunde höra hur folk utanför skrek. Vi vågade inte gå ut och titta. Efter några timmar hörde vi att det hade varit en militärkupp. Vi slog på radion där de meddelade allmänheten om att ingen skulle gå ut. Presidentpalatset låg nära där vi var. "Nu är det kört" tänkte jag. Vi var väldigt rädda. Jag vågade inte ringa hem. Det värsta var att jag var långt hemifrån.

Jag kommer att bli avslöjad och pappa kommer att bli arg på mig. "Jag har alltid lyckats lura pappa,

men nu är det kört", tänkte jag. " Jag, Samuel, Eritrea, Elsa och Osman

var i ett rum och på något sätt blev jag glad eftersom jag aldrig hade sovit med dom förut. Jag frågade husägaren om jag

kunde få låna telefonen för att ringa hem. Jag ringde och min bror Fesum svarade.

- "Var är du?" frågade han oroligt, och berättade att pappa var arg. Han sa att alla var hemma utom jag. Klockan var nu 22 på kvällen. Killen som bodde i lägenheten började servera alkohol. Det var första gången som jag drack alkohol. Vi hade mycket roligt, fast ute på gatan var folk oroliga. Vi drack hela natten och lade oss vid femtiden på morgonen. När jag vaknade fick jag nästan panik. Jag trodde att det var en dröm. Nästa dag blev folk återigen uppmanade att inte gå ut. Jag mådde dåligt och jag visste inte vad jag skulle göra. Jag sa till Samuel att jag måste gå hem.

-" Är du knäpp, vill du dö?" sa Samuel.

-" Vi har också familj ", fortsatte han. Jag kände mig lugn, men sen blev jag ledsen igen. Nästa dag var det långtråkigt att sitta hos dem och alla kände sig instängda. Man hörde fortfarande kriget där ute.

På radion fortsatte det att uppmana folk att inte gå ut.

Vi var inlåsta i tre dagar. Jag började må illa.

Till sist bestämde jag mig för att gå hem utan att säga till någon. Jag gick ut genom bakdörren och sprang rakt ut på gatan.

Det fanns inga människor där. Det såg ut som en spökstad. Jag hörde några kvinnor som skrek från balkongen. "Vad håller du på med?" skrek de. Men jag fortsatte att springa. Efter några kilometer blev jag trött och stannade vid ett gatuhörn. Mittemot mig hörde jag en man som skrek till. "Kom hit. Du kommer att bli skjuten", sa han. Då blev jag rädd och sprang till honom. Han blev arg på mig och undrade vad jag höll på med. Efter en stund sprang jag ifrån honom för att jag redan hade bestämt mig för att ta mig hem. Efter ungefär en kilometer stoppade polisen mig. Jag var livrädd.

De frågade mig varför att jag var ute och sprang. Jag berättade att jag måste gå hem, att jag inte hade träffat min familj på tre dagar. Två poliser följde mig till mitt hemområde. De berättade att de gjorde det för att jag var ung. Annars skulle de ha skjutit mig. När jag kom hem var ytterdörren stängd. Jag knackade hårt och sparkade på den, men ingen vågade öppna. Jag började skrika "mamma, öppna". Det trodde säkert att det var polisen som sparkade på dörren.

Hundarna började springa runt och skälla.

-" Vem är det?" frågade min storebror, Asmerom. När han hörde att de var jag öppnade han dörren. Jag berättade för honom vad som hade hänt med mig.

- "Du får förklara för pappa", sa han. Jag gick in i mitt rum. Min mamma och mina två systrar var där och drack kaffe. Pappa och mina bröder var i vardagsrummet och tittade på tv.

- "Gå och förklara för din pappa var du har varit någonstans", sa mamma. Jag vågade inte gå in. Jag skämdes för mycket. Jag började få panik, men tillslut gick jag in och sa hej till allihopa. Pappa stirrade på mig i några minuter. Han brukar göra så när han ville kontrollera sin ilska.

- "Varför kom du idag? Du vet att de har varnat för att gå ut", sa han.

- "Jag vet pappa, men vad skulle jag göra? Jag var rädd för att du skulle bli arg på mig", svarade jag.

- "Gå härifrån, ät något och ta en dusch", sa han. Jag var så glad. Jag trodde att han skulle döda mig. Dagen efter att jag hade kommit hem berättade presidenten Mengistu Hale Mariam på tv att det var en statskupp och att han fördömde den. Han berättade att de skyldiga var avrättade och att läget var under kontroll. Jag hade nästan mist livet. Sedan fick jag som straff av pappa att inte gå ut på en vecka.

Efter en vecka började jag att träffa mina kompisar som vanligt. Jag träffade Samuel och hans kompisar på en cafeteria i Leghar, som Samuels pappa ägde. I cafeterian fanns ett litet rum där vi satt på en madrass och drack kaffe. Det var jag, Samuel, Osman, Tedros bidu ,Elsa, Eritrea, Solomon m.m. Vi brukade sitta där hela dagen. Samuels pappa gillade inte att vi satt där. När Samuels pappa gick förbi var vi alltid tysta. Killarna som jobbade där serverade oss kaffe varje timme. Ibland ropade vi på Alewi. Alewi var en av de som jobbade på cafeterian. Han var en mycket rolig kille som kom från Gurage, en av folkgrupperna i Etiopien. Han hade en rolig dialekt. Det var därför vi skrattade när han började prata. Han var snäll. Han meddelade oss när Samuels pappa kom till cafeterian. Legehar är det mest folktäta området i Addis Abeba. Vi brukade sitta vid dörren och titta ut på folk. Ute var det rena kaoset. Det var mycket ljud;det fanns killar som skrek "taxi, taxi, taxi", för att hjälpa taxiförare. Killar som jagade varandra, kvinnor som jagade kycklingar som sprang från marknaden, bilar som körde hela dagarna. Överallt hördes musik. Legehar är ett område som aldrig sover. För mig var det roligt.

En dag såg vi en hemsk händelse. I Leghar kom alltid tåg från Deredewa till Addis Abeba vid klockan 14:00 på eftermiddagen. I området fanns det många gatubarn som klättrade upp på tåget för att ta andras saker, innan de sedan hoppade av. En dag hoppade två stycken killar fel och föll ner i en brunn och dog direkt. Det var en hemsk händelse, men folk brydde sig inte om dem för att de var tjuvar. Jag tyckte synd om dem.

Det tog flera timmar innan de flyttades från platsen.

I detta område såg man olika händelser. Bilolyckor förekom ofta. Min pappa gillade inte när jag gick till Legehar. Han hade varnat mig flera gånger för att gå dit.

Frew, en av mina kusiner, började umgås med oss. De bodde nära min skola och jag brukade gå hem till dem efter skolan. Akberet, som var Frews lillasyster och jag var i samma ålder. Vi gick i samma skola. Efter skolan gick vi till deras hus. Jag och Akberet blev bästa kompisar. Vi träffades varje dag efter skolan. Frew bråkade ofta med sin mamma om pengar.

Han fick 5 birr varje dag. Det var mycket för hans mamma. Frew började umgås med mig och mina kompisar i Legehar. Frew var en mycket rolig kille. Mina kompisar gillade honom. En dag kom Frew hem till oss och jag ville övertala honom om att han skulle stanna hos oss. Jag tänkte på hans mamma. "Hon kommer att ha det skönt och han kommer inte att bråka med henne" tänkte jag. Frew stannade hos oss i tio dagar innan han återvände hem. Jag ringde till Akberet och frågade henne om det var bra att vi hade haft Frew hos oss så länge.

- "Nej, Tadde. Han krävde 50 birr för tio dagar och det blev värsta bråket med min mamma", sa Akberet. Jag blev förvånad. I tio dagar bjöd vi ju Frew på allt. Jag trodde att jag hjälpte hans mamma, men det blev fel. Mina kompisar skrattade när jag berättade om Frew.

Åren gick och pappa blev allt strängare på grund av landets situation. Den tiden var farlig för ungdomar.

De plockades från gatan och skickades till kriget.

En dag var jag på väg hem från skolan med mina två tjejkompisar när plötslig fyra poliser hoppade ut från en skåpbil för att ta mig.

Jag sprang och de började jaga mig. En av poliserna tog tag i min jacka, men jag sträckte ut mina händer bakåt. Det gjorde att polisen tappade fotfästet och ramlade omkull. Han fick bara tag på min jacka medan jag sprang från platsen. Efter några timmar kom mina två tjejkompisar hem till mig med mina böcker och med min jacka. Tjejerna berättade att polisen slängde mina saker på gatan. Killar över 18 år brukade bli inkallade till kriget. Efter några veckor kom det poliser till oss som sökte min storebror Tedros. Men Tedros var inte hemma. De lämnade ett papper om att han skulle förbereda sig inför kriget. Pappa sa till Tedros att han måste åka.

Pappa var orolig för att polisen skulle veta att Tedros hade varit en Eritreansk gerillasoldat förut och ville därför inte att han skulle avböja erbjudandet. Efter några veckor åkte Tedros till kriget. Vi var ledsna när han åkte, men han hade inget val. För Eritreaner som bodde i Etiopien var det farligt att vägra. Tedros var ung när han gick med i EPLF (Eritreas folkrörelseparti). Han kom själv frivilligt till Etiopien och överlämnade sig. Det var därför han inte kunde vägra.

Jag fortsatte som vanligt att träffa mina kompisar på cafeterian. En dag när vi satt och drack te i Legehar kom en man i ungefär i 40 års ålder och satte sig tillsammans med oss.

Han började prata med oss.

Han verkade snäll och smart. Han betalade allt som vi drack och åt innan han lämnade cafeterian. Vi tyckte att det var konstigt. Efter två dagar kom mannen tillbaka och satte sig ner med oss igen. Man såg att han inte var från Addis Abeba. Han hade trasiga kläder, men verkade vara intelligent. Han hade ofta mycket pengar med sig. Vi började umgås med honom.

- "Varifrån kommer ni?'" frågade mannen plötsligt.

- "Från Etiopien, men våra föräldrar är från Eritrea" sa vi alla samtidigt.

- "Om era föräldrar kom från Eritrea betyder det att ni är från Eritrea", sa han och log mot oss.   På den tiden ville ingen säga att man kom från Eritrea eftersom att det var farligt. Våra föräldrar ville heller inte lära oss om Eritrea på grund av att det kunde vara var mycket farligt. Nästan alla mina kompisar kom från Eritrea, förutom Osman och Eyasu. Eyasu pratar tigrinja, men han är från Etiopien. Det finns en folkgrupp i Etiopien som har samma språk som i Eritrea.

Eyasu var en av dem. Vi började umgås med mannen på cafeterian varje dag. Han berättade om eritreansk kultur och historia varje gång vi träffades. Han ville lära oss om eritreansk kultur och politik en gång i veckan, på torsdagar hos honom. Han bodde på ett hotell mitt i stan. Vi var förvånade över att han bodde på ett hotell.

26

Vi tyckte att det var konstigt och att det var något skumt.

Han berättade att han bodde i Etiopien illegalt och ville lära ungdomar om eritreansk historia.

Han varnade oss för att berätta detta för någon, även för våra familjer. Vi träffades några veckor på hotellet. Det blev mer och mer spännande för varje vecka vi träffades. Men Eyasu började klaga på mannen. Eyasu gillade inte att vi umgicks med honom. Jag och Eyasu har varit kompisar sen vi var små. En dag kom inte Eyasu till mötet. Mannen blev orolig och frågade oss varför han inte kom. Vi berättade att Eyasu var mindre intresserad av våra möten. Mannen sa att vi inte skulle komma till hotellet nästa vecka.

En dag var jag hos min moster, som jag brukade hälsa på ibland när jag var ledig. Den dagen hade jag mycket roligt hos henne och klockan blev mycket. Jag ringde hem för att berätta att jag skulle bli sen.

-" Vad har du gjort?", sa mamma i telefonen.

- "Vad menar du, mamma?" svarade jag.

- "Polisen letar efter dig. De vände upp och ner på hela huset. De har sagt till oss att du måste överlämna dig till polisen.

Polisen berättade att dina två kompisar är gripna, men de har inte sagt vilka det var", sa mamma.

Jag visste att det var Eyasu som hade avslöjat oss.

27

Jag berättade för mamma vad vi hade gjort. Hon blev arg på

mig och sa att jag skulle stanna hos min moster några dagar.

Nästa dag kom pappa hem till min moster. Jag var i

sovrummet och vågade inte komma ut. Jag hörde när han
skrek till min moster.

- "Var är han?", ropade pappa. Min moster sprang in till mig
och berättade att pappa var här. Utan att vara rädd gick jag ut
till honom och förklarade. Min pappa hade aldrig sett på mig
så förut som den dagen. Jag berättade för honom att vi lärde
oss om Eritrea och att det inte var något fel med det.

- "Jag hör vad du säger, men du ska inte gå någonstans tills vi
vet någonting mer", sa han. Han berättade att polisen hotade
med att om jag inte kom skulle de ta min storebror Asmerom
till fängelset. Min pappa sa till dem att de inte hade rätt att ta
min storebror. Jag stannade en vecka hos min moster. Efter
en vecka kom pappa med ett falskt pass. Som tur var hittade
de ett foto på mig i mitt fotoalbum som jag hade. I passet
fanns visum till Polen. Det gällde i femton dagar. Pappa sa att
jag skulle låtsas åka på besök till Polen om de frågade mig på
flygplatsen. Jag blev förvånad och ledsen över att jag måste
lämna mina kompisar och min familj på det här sättet. Jag satt
i min mosters sovrum och funderade på vad det skulle bli av
min framtid. Det var inte lätt att lämna sitt land, kompisar och
familj.

Jag ångrade vad jag hade gjort. Jag hade ingen aning om vad
jag skulle göra i Polen.

Min pappa sa att min morbror Brehane skulle komma till Polen och sedan smuggla över mig till Tyskland.

Jag blev iallafall glad över att någon skulle hjälpa mig.

Nästa dag kom pappa till min moster med en resväska och en keps. Jag fick ha kepsen på mig för att ingen skulle känna igen mig. Jag sa hej då till min moster och hennes barn. Sedan åkte vi till flygplatsen. Jag hade aldrig varit så rädd som jag var den dagen. Mitt hjärta bultade hårt och jag började skaka när vi närmade oss flygplatsen. Vi parkerade bilen och gick mot ingången. Det fanns mycket folk som skulle resa. Man såg beväpnade soldater och poliser överallt. Det var obehagligt och det kändes som om alla tittade på mig.

- "Gå rakt", sa pappa, som visste att jag var rädd.

- "Okej! Jag är bara orolig", sa jag.

- "Det här är din enda chans, förstör den inte. Om de tar dig vet du vad som kommer att hända", sa han. Sen blev jag lite avslappnad. Han berättade att mina två kompisar, Solomon Abay och Osman var gripna. Jag hade keps på mig och såg annorlunda ut.

-" Nu är det dags", sa pappa. Klockan var 07:00 på morgonen.

- "Gud vare med dig min son och du behöver inte vara rädd", sa han.

När han pratade var han tårögd, men försökte att inte visa att han var ledsen.

Kapitel 4

Jag har aldrig någon gång förut sett min pappa gråta.

Det var synd att ingen från min familj eller någon utav mina kompisar var med mig där eftersom det var många som hade sina familjer där som sa farväl.

Jag tog min resväska och mitt pass och gick rakt in på flygplatsen. Jag gick till disken och visade mitt pass. Kvinnan som kontrollerade passet stirrade på mig och tittade sedan på passet. Men jag var inte rädd eftersom jag visste att hon tittade på fotot. Jag fick självförtroende eftersom det var mitt foto. Sen gav hon mig passet och sa "ha en trevlig resa".

Jag var så glad över att jag kom in. Men jag hade aldrig flugit förut. Jag var orolig för det också. Vi gick till väntrummet och väntade på att gaten skulle öppnas. Flyget skulle lyfta klockan 09:00. Jag väntade länge men det hände ingenting.

Klockan blev 09:30. Jag såg hur flygpersonal gick in och ut flera gånger från flygplanet. Jag förstod att det hade hänt något. "Det händer alltid något med mig" tänkte jag och det var sant. Efter några minuter meddelade man i högtalarna att flyget var inställt. Det kom en buss som hämtade och körde oss till det närmaste hotellet.

Jag blev orolig över att någon skulle se och känna igen mig på vägen.

När vi kom till hotellet började folk att ringa till sina anhöriga, men jag vågade inte ringa eftersom att jag var rädd att någon skulle avlyssna oss.

Jag sov direkt då jag var trött. Jag blev väkt efter några timmar av några människor som pratade i korridoren, och kunde inte sova igen. Genom hotellfönstret kunde man se ut på gatan. Jag satt i fönstret och tittade på bilarna som körde förbi. Man kunde se hela staden. Jag blev ledsen. "Snart lämnar jag min stad", tänkte jag. Jag började redan att sakna allt. Jag ringde min moster för att berätta att planet hade blivit inställt och bad henne meddela pappa och mamma att de kunde komma och hälsa på mig. Efter några timmar kom båda två. Jag var så glad över att få träffa mamma. Hon började gråta när hon såg mig. Hon såg ut som att hon var sjuk. Jag började också att gråta. Hon berättade att hon inte hade sovit så mycket.

- "Alla har saknat dig min son, och det har förvandlat vårt varma hus till en kyl", sa hon.

- "Det kommer att ordna sig, mamma. Var inte oroliga för mig", sa jag till henne och torkade tårarna från hennes kind.

De stannade med mig till klockan 20:00 på kvällen. Jag berättade att klockan 07:00 nästa dag skulle jag flyga och att det vore bättre att de stannade hemma för säkerhet skull.

31

På kvällen gick jag till restaurangen för att äta middag.

Jag träffade några tjejer och killar på hotellet.

Vi satt vid samma bord och de flesta hade jag sett tidigare på flygplatsen. De frågade mig vart jag skulle åka.

Jag var för rädd att berätta för dem, men sa ändå sanningen, att jag skulle åka till Tyskland.

- "Är det någon som hämtar dig i Polen?" Frågade Betlehem, en av tjejerna som jag träffade på flygplatsen.

Hon verkade vara en bra tjej. På hotellet fanns ett disco, som alla gick till. De frågade mig om jag skulle följa med dem.

-"Jag är trött och måste sova", sa jag, fast jag ville gå till diskoteket. Jag hade aldrig varit på ett diskotek någon gång förut. Det var synd att jag inte gick. Jag hade heller inte så mycket pengar. Pappa gav mig bara 200 dollar och jag ville inte riskera att göra fel. Jag gick till mitt rum och lade mig på en gång. Nästa dag hämtade bussen oss klockan 06:00 och körde oss till flygplatsen. Jag gick direkt till incheckningen och ställde mig i kön. Jag var så nervös. Det var mycket folk som kom. Det fanns poliser och väktare som patrullerade. Alla hade som vanligt vapen. Jag var orolig den här gången för att jag var ensam och utan min Pappa. Förra gången var jag lite modigare. Som att han skulle kunna rädda mig.

- "Tadesse Kassa, kom till disk 2", ropade man ut i högtalaren. Jag trodde inte mina öron. Flera gånger ropade de. "Nu är det kört", tänkte jag.

Jag låtsades att jag inte hörde och stod kvar i kön ett tag innan jag bestämde mig för att gå och kolla läget. Jag gick till disken, svettig och skakig.

-"Hej, jag heter Tadesse. Ni har ropat mitt namn", sa jag med en svag röst.

- "Varför är du nervös?" frågade mannen och bad mig visa mitt pass. Efter han hade tittat på det frågade han om jag hade tappat något.

-"Jag har inte tappat något", svarade jag.

Då kastade han min flygbiljett i ansiktet på mig. Jag hade tappat min flygbiljett. Som tur var hade någon lämnat in den. Jag blev så glad och gick in igenom passkontrollen igen och direkt till väntrummet. Jag såg Betlehem som satt på en av stolarna framför mig. Jag gick fram och satte mig bredvid henne.

- "Hej Tadde, jag har faktiskt letat efter dig", sa Betlehem.

-"Hej, Beti, hur är läget?" sa jag lite blygt. När jag var barn var jag alltid blyg när det gällde tjejer. Betlehem var en mycket energisk och glad tjej. För mig har det alltid varit bättre när någon var lite energisk, eftersom jag kan öppna upp mig lite själv då. Hon berättade att de hade haft mycket roligt hela natten på hotellet. Hon berättade att hon var väldigt trött. Det märktes inte på hennes energiska humör.

Efter några minuter öppnade gaten och vi gick in till flygplanet.

Vid flygplansdörren stod två flygvärdinnor och välkomnade oss. När vi klev ombord kände jag mig lugnare.

I gången var det lång kö av folk som höll på att stoppa in sina resväskor och jag hade svårt att hitta min sittplats.

De flesta var tonåringar som låtsades vara vuxna. I mitt pass stod det att jag var 18 år

gammal. Jag och Betlehem satt på olika rader. Flygvärdinnan började visa på nödutgångarna. En äldre kvinna bredvid mig började be till Gud. Då blev jag rädd. Jag hade inte tänkt på att planet kunde krascha. "Hur fan skulle flygplanet kunna flyga? Ska det flyga rakt upp, eller?" tänkte jag. Flygplanet började köra på asfalten i ungefär 10 km/h. Sen hörde jag ett starkt motorljud och plötsligt accelererade flygplanet från noll till hundra. Mitt hjärta började bulta hårt och det kändes som att det skulle hoppa ut ur kroppen. Den dagen började min flygrädsla.

Flygplanet steg upp i luften och jag såg hela stan full av människor, som såg ut som små myror. Vilken hemsk känsla det var. Kvinnan som satt bredvid mig bad fortfarande och fastän jag är religiös blev jag nervös. Jag försökte sova, men kunde inte för att jag var alldeles för nervös. Det var tråkigt att sitta med den gamla kvinnan. Jag försökte att prata med henne men hon sa bara "va, va?". Så det var ingen idé att prata med henne. I vår kultur är det dessutom svårt att inleda konversationer med äldre människor eftersom att det kan uppfattas som respektlöst.

Jag satt och tänkte på hur jag skulle göra i Polen.

Min pappa hade ju berättat för mig att min morbror skulle vara där och vänta på mig när jag steg av planet. Jag vände mig bakåt för att se vad Betlehem gjorde.

Hon såg mig, vinkade och visade att det fanns en ledig plats bredvid henne. Jag gick direkt till henne.

Jag berättade att jag hade tråkigt bredvid kvinnan jag satt med. Betlehem började skratta.

- "Jag trodde att ni hade roligt. Jag såg er när ni pratade", sa Betlehem.

- "Hon pratade inte, utan bad till Gud", sa jag.

Betlehem skrattade igen. Hon hade lätt till skratt. Vi började prata och hade roligt. Vi hade inte haft chansen att prata ordentligt innan.

- "Vart ska du åka?" frågade jag henne.

- "Till Sverige", svarade hon. Jag frågade om hon hade sina släktingar där, men hon svarade nej. Jag blev ledsen och tyckte synd om henne för att hon inte hade det.

- "Vad ska du göra i Sverige om du inte har släktingar där?" frågade jag.

-"Jag ska söka asyl", svarade hon. Jag hade ingen aning om vad asyl var för något. Betlehem och jag var jämngamla.

Hon frågade mig också vart jag skulle åka.

Jag berättade att min morbror skulle hämta mig i Polen och att vi sedan skulle åka vidare till Tyskland tillsammans.

-"Jag hoppas att din morbror kan hjälpa mig också", sa hon.

- "Det är inga problem. Han kan hjälpa dig", sa jag.

Efter en sex timmar lång resa kom vi fram till Grekland.

Vi var nyfikna på hur det såg ut i Grekland. Det var minusgrader och blåste mycket. Jag hade aldrig varit med om ett sådant väder förut. Alla sprang till entrén. Folk började skrattade åt oss. Vi satt i ett väntrum tills flyget till Polen skulle gå. Några poliser kom fram och sa att vi skulle följa med dem för att kroppsvisiteras. Vi förstod inte vad det betydde.

Jag tyckte det var konstigt att de bara valde ut de mörkhyade människorna. Jag hade gömt mina pengar i mina skor så att poliserna inte skulle hitta dem.

När vi var i Addis Abeba hade jag hört att poliser i Grekland och Polen tar pengar från turister. Jag frågade Betlehem om de hade tagit pengar ifrån henne, men hon hade gömt dem så att de inte kunde få tag på dem. Efter fyra timmar ropade man ut i högtalaren att vi skulle förbereda oss inför nästa flyg.

Efter några minuter gick vi till flyget. Under resan fick jag och Betlehem sittplatser en bit ifrån varandra igen. Vi somnade direkt eftersom varken hon eller jag hade vilat under dagen.

Kapitel 5

Efter en lång resa kom vi fram till Polen. Klockan var 23:56. Vi gick ut från planet. En buss stod och väntade på att ta alla passagerare till flygplatsentrén. Sedan gick vi och hämtade våra resväskor. De flesta som var med oss gick direkt från flygplatsen då de inte hade några resväskor med sig. Jag och Betlehem väntade på min morbror i nästan 30 minuter. Jag blev orolig över att han inte hade kommit ännu.

- "Jag måste gå, Tadde", sa Betlehem.

- "Han kommer snart. Vi kan vänta lite till, sa jag. Men Betlehem lämnade mig för att hon ville följa med några andra killar som skulle åka till Sverige. Jag blev helt ensam kvar på flygplatsen och var mycket rädd och orolig. Sen kom det två vakter som informerade mig om att porten skulle stängas. Plötsligt kom det en man, från Eritrea, emot mig.

-"Hej, Berhane!" utbrast jag och sprang emot honom.

-"Jag heter inte Berhane. Du måste gå ut härifrån. De kommer att stänga flygplatsen", sa mannen.

-"Är du inte Berhane?" frågade jag besviket.

-"Jag heter Zeray. Jag hjälper människor som vill åka till Sverige", sa mannen." Om du inte följer med mig kommer du att bli rånad eller mördad", fortsatte han.

Jag blev orolig och mycket rädd. -" Om du vill bli rånad och mördad, kan du stanna här", sa mannen och började gå därifrån.

- "Stanna, stanna! Jag kommer!" ropade jag åt mannen. Han stannade och väntade in mig. Han började förklara hur farligt det var i Polen och hur många Eritreaner som blivit rånade och misshandlade tidigare. Det var bättre att en människa från mitt hemland skulle mörda mig istället för en annan främmande människa, tänkte jag. Jag hade inga andra alternativ och följde därför med honom.

- "Vi måste låsa in din resväska", sa Zereay.

- "Varför ska vi låsa in den?" frågade jag oroligt.

- "Vi ska åka långt med buss och det kan vara svårt att ta med den", sa han. Vi gick och låste in min resväska och han gav mig nycklarna. Jag började lita på honom.

Vi gick ut från flygplatsen och tog bussen till centralstationen. Det var väldigt kallt. Ingen hade berättat för mig tidigare att det skulle vara såhär kallt. Jag har aldrig frusit som jag gjorde den dagen. Temperaturen var ca 10 minusgrader. Från centralstationen tog vi tåget till den plats där Zereay bodde. Det tog ca 25 minuter dit. Vi klev av tåget och gick tio minuter för att komma till Zereays hem. Det var ett stort hus och såg ut som en skola. När vi kom fram till porten sa Zereay att vi måste smyga. Jag frågade honom inte varför, utan gjorde bara som han sa. Vi gick in i huset och tog hissen till 4:e våningen.

Han ringde på dörrklockan och en kille öppnade dörren.

När vi kom in såg jag många människor som sov på golvet. De kan ha varit 20 stycken.

Några av dem försökte se efter vem det var som kom, men mannen skrek åt dem att de skulle fortsätta att sova. Jag blev rädd när han skrek. Han sa till mig att jag skulle sova någonstans i hörnet. De flesta hade Gabi, ett eritreanskt klädesplagg, på sig. Zereay gav mig en blå handduk som jag skulle ha över mig. Det var väldigt svårt att sova på golvet. Jag fick ont i ryggen och axlarna och grät ljudlöst. Jag var rädd att de som sov skulle höra mig. Jag tänkte på mina föräldrar. Jag saknade redan dem. Jag hade lovat dem att jag skulle ringa när jag hade kommit fram. De väntade på ett telefonsamtal från mig. Jag undrade vad de skulle tänka när jag inte hörde av mig. Jag fattade inte heller vart Berhane hade tagit vägen. Jag tyckte att det var konstigt. Jag hade inte ätit på flera timmar. Jag var hungrig, trött, ledsen och besviken, allt på samma gång. Jag kunde inte sova på grund av att golvet var hårt. Det gjorde så ont i min rygg. Jag undrade också om Betlehem sov bland alla dessa människor. Jag hoppades att jag skulle träffa henne på morgonen när jag hade vaknat. Jag somnade runt kl. 4 på morgonen och vaknade vid 10. Jag såg mig omkring i rummet, men alla var borta. Jag gick runt i rummet men ingen var kvar. Jag började undra om det var en dröm eller inte. Det var läskigt. Jag var hungrig och törstig. Jag gick till kylskåpet och kollade om det fanns mat, men där fanns ingenting. Jag började att må illa. Hade inte ätit på nästan 24 timmar.

Jag var så ledsen och hungrig och gick därför och la mig på golvet igen.

Vid klockan 13 kom Zereay och väckte mig.

- "Hej! Sover du fortfarande?" frågade han.

- "Nej, jag är vaken. Var är alla?" frågade jag lite tveksamt.

- "De åkte till Sverige", sa han och frågade mig igen om jag hade ändrat mig och ville åka till Sverige istället.

- "Jag måste åka till Tyskland, jag har inga släktingar som bor i Sverige", svarade jag. Vi gick till affären och Zereay köpte mat åt mig. Jag var så glad över att få mat. Jag åt allt som han köpte till mig. Jag hade ingen aning om vad det var för mat. Nästa dag kom Zereay med tio stycken etiopier, som också skulle åka till Sverige. Efter en natt reste alla iväg.

- "Om du stannar här måste du betala för mat", sa Zereay. Jag gav honom de tvåhundra dollar som min pappa hade gett mig.

- "Du måste bestämma dig. Du har varit här hos mig i tre dagar och ditt visum går ut om tio dagar", sa han.

- "Kan vi ringa till min morbror i Tyskland och höra om han svarar eller till mina föräldrar i Etiopien?" frågade jag. På den här tiden var det svårt att hitta en telefon. Vi gick till stan och ringde till Tyskland från en telefonkiosk.

Det var ingen som svarade hos min morbror.

Vi ringde också till Etiopien, men det var bara upptaget hela tiden.

Jag började följa med Zeray till flygplatsen för att hämta människor. De flesta vågade inte prata med mig. De trodde att jag jobbade för honom. En dag när vi åkte till flygplatsen berättade Zeray hur han började jobba som smugglare. "En dag kom jag från Schweiz till Polen på semester och träffade några etiopier på gatan. De frågade om jag kunde hjälpa dem att köpa biljetter med båt till Sverige. Jag hjälpte dem. De tackade mig och åkte till Sverige.

En dag kom jag på affärsidén att smuggla människor till Sverige. Jag gick till flygplatsen och hittade några personer som gav mig 500 US dollar per person" sa han.

Zeray är egentligen bosatt i Schweiz. Han har varit gift och har fem barn. Sedan han berättat sin historia började han varna mig och sa att jag måste bestämma mig.

"Det har gått en vecka och dina pengar håller på att ta slut och du kan inte heller betala mig. Du måste åka till Sverige imorgon. Jag kan köpa biljett till dig" sa han.

-"Zeray, jag har inga släktingar i Sverige. Kan vi bara ringa en sista gång till min morbror. Om det inte går kan jag återvända till mitt hemland, sa jag. Han blev förvånad och tittade på mig.

Kapitel 6

- "Det här är inget liv. Hellre leva i fängelse än leva så här" sa jag. Vi kom överens om att ringa till min morbror.

Nästa dag gick vi till Warszawa centrum för att ringa en sista gång. Vi gick in på Polonia Hotell. Fortfarande hade jag sommarkläder på mig. Jag frös om händer och fötter.

"Jag måste köpa mössa och handskar till dig" sa Zeray. Sedan gick han ut från hotellet. Det var den tråkigaste dagen som jag varit med om. Han var borta i över två timmar. Jag hade inga pengar och inget pass. Jag blev orolig och trodde att han försvunnit. Polska kunde jag inte tala och de flesta människor kunde inte heller prata engelska. I ett hörn av hotellet såg jag en man som hela tiden stirrade på mig. Det var en mörkhyad man i medelåldern.

Jag satt och funderade på hur mitt liv skulle se ut i framtiden. "Kommer jag någonsin komma fram till Tyskland? Eller kommer jag att hamna i fängelse när jag återvänder till Etiopien?" tänkte jag.

Plötsligt ringde telefonen i receptionen. Kvinnan som svarade ropade till mannen som stirrat på mig tidigare – "Kommer du från Etiopien" och gav honom sedan telefonen. Efter en kort stund kom mannen fram till mig.

"Heter du Tadesse?" sa han.

- "Ja, det är jag", sa jag.

- "Du har ett telefonsamtal från någon som heter Brhane" sa mannen och gick tillbaka till sin plats. Jag gick fram till telefonen och pratade med manen som ringde.

"-Hej Tadesse!" sa mannen. Det var min morbror Brehane

"Hur kunde du ringa hit?" sa jag förvånad.

- "Hej! Är du på Polenia Hotell" sa han

- "Hur ringde du hit?" frågade jag honom om och om igen för jag tyckte att det var märkligt att han ringde till just det här hotellet.

- "Det är en låg historia. Jag kommer förklara när vi träffas" sa han.

- "Du måste komma så snabbt som möjligt!" sa jag och blev orolig för att samtalet skulle avbrytas. Efter c:a 30 minuter kom min morbror till hotellet. Han blev förvånad över att jag hade så tunna kläder. Min morbror öppnade sin resväska och tog ut en ljusgrön jacka, svarta vinterskor och mössa som han hade tagit med sig till mig. Jag bytte om direkt på plats. Folk stirrade på oss som om vi vore dumma. Jag tänkte inte så mycket på människorna som stirrade på mig. Det var skönt och varmt att få på sig varma kläder. Jag hade frusit hela veckan och nästan tappat känslan i händer och fötter. Min morbror hyrde ett rum på 8nd våning på hotellet.

- "Kom, vi gå till rummet" sa min morbror.

- "Vi måste vänta på Zeray" sa jag.

- "Vem är Zeray?".

Sedan berättade jag om Zeray och allt som hade hänt mig.
Efter en liten stund kom Zeray. Han hade varit var borta i över
2 timmar. Han kände inte igen mig med mina nya kläder. Han
hade med sig handskar och halsduk.

- "Hej! Zeray, det här är Brehane. Du vet, min morbror" sa jag

- "Hur träffades ni" frågade Zeray. Jag berättade för honom
hur vi träffats. Han tyckte det var märkligt att vi träffades på
det viset

- "Kom, vi går till baren och ta en öl" sa min morbror.

-"Ok, det låter bra" sa Zeray. Sedan gick vi till baren och
beställde öl. Jag vågade inte dricka öl, men min morbror
beställde ändå. Jag började dricka.

- "Vad hände Brehane? Vart tog du vägen" sa jag

- "Jag hade haft en jobbigt veckan. Jag vet inte hur jag ska
börja förklara för dig" sa han. Min morbror började berätta
sin historia. "Jag åkte till Holland istället för Polen. Det blev
missförstånd när jag pratade med din pappa. När jag inte
hittade dig i Holland ringde jag till dina föräldrar och frågade
dem vart du tagit vägen. Sedan blev det tyst i luren. Din
mamma tappade luren när hon hörde att jag var i Holland. Jag
ringde igen och din pappa svarade. Han berättade att du hade
åkt till Polen ".

När min morbror berättade var han mycket ledsen.

Sedan han pratat med mina föräldrar åkte han direkt till Polen. Där tog han in på ett hotell nära flygplatsen. Han lånade en

telefonkatalog i receptionen och började ringa alla hotell som fanns i Warszawa och frågade om jag hyrde rum där. När han ringde till Polonia Hotell var jag där och väntade på smugglaren som varit försvunnen i 2 timmar för att köpa ett par handskar och en halsduk till mig. Jag tyckte att sättet vi träffades på var ett mirakel. Min morbror och Zeray kom överens att jag skulle åka till Sverige eftersom det inte fanns något annat alternativ. Jag blev ledsen för att jag inte kunde åka med min morbror till Tyskland. Zeray informerade oss att han skulle komma nästa dag vid kl 7:00 på morgonen. Sedan gick han hem.

Nästa dag kom Zeray till hotellet tillsammans med två män från Mellanöstern. De skulle följa mig till gränsen. Zeray berättade att de två männen hade mitt pass och min biljett. Dessa skulle jag få tillbaka när jag kom fram till båten. När jag skildes från min morbror fick jag en dålig magkänsla. Sedan följde jag med de två främmande männen. Min morbror blev ledsen när vi sa farväl till varandra. Han önskade mig en trevlig resa. På bussen började jag må illa och kände mig orolig. Det här var det värsta som hade hänt mig sen jag flydde från hemlandet. Jag hade ingen aning om vad som skulle hända mig. Det kändes som en dröm och jag började be till Gud att han skulle vaka över mig. De två männen pratade sitt eget språk under hela resan.

Kapitel 7

Jag hade inte heller någon lust att pratat med dem. I stället tänkte jag på min familj.

Nu hade jag äntligen tid att tänka på dem. Jag tänkte på hur vi på kvällen satt i vardagsrummet och tittade på tv. Min mamma brukade koka kaffe och grilla majs. Vi hade ofta roligt på kvällarna. Jag saknade dem mycket. Jag ångrade att jag inte hade bett min bror Solomon, som jag tidigare hade bråkat med, om ursäkt. Varje kväll brukade jag berätta till mina bröder Fesum ,Luwam och Biniam saga som jag hittat på .Jag blev Ledsen när jag tänkte på den .Jag tänkte på mina kompisar som greps av polisen och vad som skulle hända med

deras liv. På något sätt hade jag tur att jag inte var gripen. Skillnaden var att jag var ensam och övergiven i ett annat land, men jag lovade mig själv att jag aldrig skull ge upp. Plötsligt frågade en av männen om jag ville ha smörgås.

Jag tackade nej för att jag inte hade lust att äta. Efter flera timmars resa kom vi fram till en liten by. Vi steg av bussen och gick sedan nästan 10 minuter. Där fanns flera små villor, som var byggda högt upp på berget. Vi såg en gammal man som vinkade till oss. Vi gick fram till honom. Det verkade som han kände de två männen sedan tidigare. Den gamle mannen såg snäll ut. De två männen lämnade mig och åkte tillbaka till Warszawa. När jag gick in huset var där tre eritreanska tjejer och en kille från Etiopien.

De satt på en soffa i vardagsrummet och tittade på TV. Direkt
när jag kom in i huset började den gamle mannens fru servera
mat. Hon var i nästan samma ålder som han. Hon sa något på
sitt språk. Jag gissade att hon ville att jag skulle äta mat. Det
var grillad kyckling och stekt potatis. Jag åt snabbt eftersom
jag var väldigt hungrig. På kvällen fick jag sova vid tjejerna på
golvet. Nästa dag väckte det äldre paret oss för att äta
frukost. De var ungefär 70 år gamla och både var trötta. Det
var ofta mannen som lagade maten.

Jag hade aldrig tidigare sett någon man som lagade mat. Det
var konstigt tyckte jag eftersom det i vårt hemland var tabu
att en man skulle vara i köket och laga mat.

De gamla paret fick pengar av smugglarna för att de tog hand
om oss. Jag tyckte synd om dem. Jag försökte hjälpa dem med
disken. De skrattade åt mig när jag diskade. De märkte att
jag inte hade diskat förut. Vi hade både roligt och jobbigt hos
dem. I tre dagar fick vi vänta innan smugglarna
skulle komma tillbaka. Tjejerna var ledsna för att smugglarna
inte kom på flera dagar. De grät och lyssnade på eritreanska
musik hela dagarna. Vi trodde att smugglarna hade försvunnit
med våra pass och biljetter. Jag hade svårt att
kommunicera med tjejerna på grund av språket. De pratade
Tigrinja (Eritreas språk) och jag kunde inte tala tigrinja så bra.

Efter fyra dagar kom plötsligt smugglarna och ropade "Jalal
Jalal" och efter några minuter satt vi i bilen. Det tog c:a två
timme att åka till gränsen. Klockan var nio på kvällen. De båda
männen gick in i båten och pratade med någon. Sedan åkte
de sin väg.

Efter en halvtimme kom en man springande mot oss och ropade våra namn.

Jag blev förvånad över att han inte ropade upp mitt namn.

Jag blev chockad när alla andra gick till båten. Jag stod kvar och stirrade på den. Båtens dörr stängdes. Jag var fortfarande i chocktillstånd. Jag hade ingen aning om vad jag skulle göra. Det blev bara svart. Vädret var blåsigt och det kändes extra kallt där vid havet. Den dagen blev det mörkt redan vid klockan tre.

Vi hade åkt i nästan två timmar för att komma till gränsen. "Varför måste sådant här alltid hända mig", tänkte jag. När dörren stängdes kändes allt så mörkt. Jag hade inte ens reagerat, jag blev bara stum. Båten stannade kvar länge. Jag stod där i nästan 15 minuter. De 15 minuterna kändes som femton timmar. Jag bestämde mig för att hoppa i havet om båten åkte. Det fanns inget alternativ. Jag stod där bara och

tänkte på min familj och hur ledsna de skulle bli om jag dog. Inte heller kunde jag gå tillbaka till det äldre paret. Det tog över två timmar. Vägen som vi hade kommit var i skogen och utan belysning. Jag gav upp när jag tänkte hur långt vi hade rest. Plötsligt öppnades dörren och jag såg en man som sprang mot mig. "Tadesse! Tadesse!" ropade han. Jag sprang också mot honom. Han bad mig ursäkt för att de inte kunnat mitt hitta mitt pass. Jag sade inte någonting av glädje. Jag följde bara efter honom. När jag kom in i båten blev jag mycket glad. Jag hade aldrig åkt med någon båt tidigare. Det var en stor båt. På den var det mycket folk. Jag blev förvånad över hur stor båten var. Jag gick bara raka vägen.

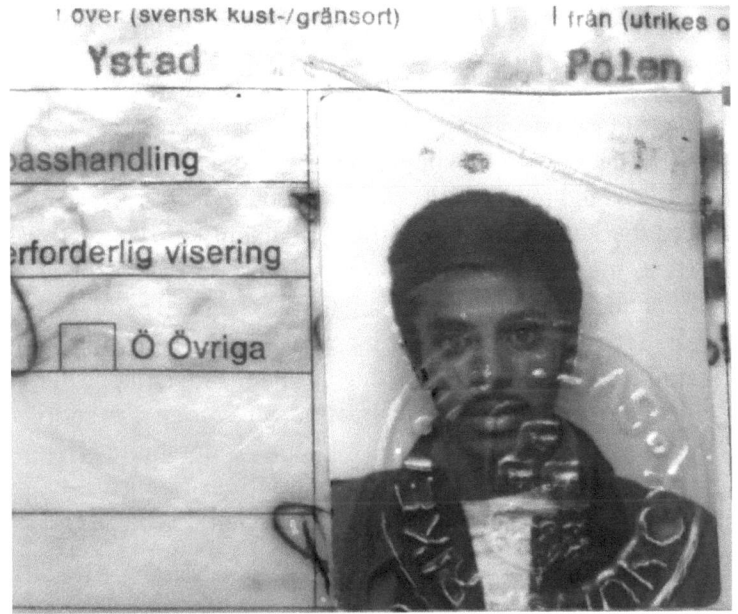

Min visum från polen till Sverige

Orolig var jag fortfarande. "Tänk om de skull säga att jag måste lämna båten" tänkte jag.

Det jag inte visste var att båten redan hade börjat åka. Jag fortsatte raka vägen och uppför en trappa. Där hamnade jag i en stor sal med mycket folk. Många satt och tittade på TV. Det kändes mycket tryggare att vara nära människor. Jag såg mig omkring, men människorna var mest intresserade av filmen. Jag öppnade min resväska och tog ut min Gabi och bäddade på golvet. Sedan sov jag där mitt bland alla människor. Folk som var i närheten titta konstigt på mig. Jag hade inte tänkt på dem. Jag vill bara somna och vakna nästa dag i Sverige. Det gjorde jag eftersom jag var så trött. Konstigt nog var det första gången som jag sov djupt sedan jag flydde från mitt hemland. Hela natten sov jag till klockan 6 på morgonen. Då väcktes jag av några människor som sjöng. Killen som var med när vi åkte till båten var också med dem.

-"Hej, Tadde vad gör du här? sover du på golvet" sa han och skrattade åt mig. Han var med två vita medelålders kvinnor. Han hade druckit mycket alkohol hela kvällen tillsammans med dem och var annorlunda när han druckit.

-"Var är Tjejerna?" frågade jag honom.

-"De sover på sitt rum" sa han. Jag visste inte heller att det fanns sovrum på båten. Han berättade att han träffat många eritreaner och etiopier på båten.

-"Du måste förbereda dig , vi kommer snart fram till Sverige" sa han.

Sedan gick han med kvinnorna. Jag packade min resväska och gick därifrån.

Genom fönstret såg jag att det var mycket dimmigt och fortfarande mörkt. Jag blev mycket nervös. Mitt hjärta började slå fortare. Det kändes konstigt att hamna i ett främmande land och med främmande människor

Jag blev imponerad av att människorna hade sådan disciplin. De pratade lugnt och stod i kö. De flesta hade med sig böcker eller tidningar i handen. I mitt hemland pratar man högt överallt, i taxi och på bussen. Folk pratar med varandra som om de kände varandra sedan tidigare.

Vi kom fram till utgången. Smugglaren hade tidigare informerat mig om att när jag kom fram till Sverige skulle jag överlämna mig till polisen för att söka asyl. Jag hade ingen aning hur jag skulle hitta polisstationen. Plötsligt såg jag många eritreaner och etiopier som stod i ett hörn. Jag gick fram till dem. Där träffade jag också tjejerna som var med mig, men killen som också var med oss såg jag aldrig mer. Medan vi stod och pratade kom flera poliser och omringad oss. Vi blev rädda. De frågade oss varför vi hade samlats här.

-" Vi ska söka asyl" sa en av de äldre männen som stod nära poliserna. Det kom också fler människor från olika länder. De flesta var från Jugoslavien. Vi blev nästan över 40 personer. Jag skämdes över att vi blev så många. Folk stirrade på oss. Jag var imponerad av att poliserna pratade lugnt med oss. I vårt hemland land är poliser de värsta man kan träffa.

Hamnar du hos polisen där måste du garanterat räkna med att du kommer du bli slagen.

Jag var så glad att de var så lugna.

De förklarade för oss att vi inte behövde vara rädda. Efter en liten stund kom två stora turistbussar. Man delade oss i två grupper och sedan åkte vi till en flyktingförläggning i Ystad.

När vi kom i Ystad blev jag mycket imponerad av att det var så rent. Men jag var förvånad över att det inte fanns några höga hus. Gatorna var tomma.

-"Är det här Sweden?" sa en av killarna som var med oss . Han trodde vi var i huvudstaden.

Sedan vi ätit lunch gick vi till en polisstation för intervju. Det var inga konstiga frågor. De frågade oss varför vi kom till Sverige och om vi hade släktingar här. Sedan gick vi till den tillfälliga flyktingförläggningen.

De delade upp oss till olika hotell. Tjejerna som var med mig i Polen skildes jag från i Ystad. Jag och några personer fick åka till Göteborg. När vi kom fram till Göteborg fick vi veta att det var fullt på alla flyktingförläggningar och hotell. Det fanns inga platser för oss.

- "Kan du simma?" frågade mig en kvinnlig polis och skämtade.

-" Jag kan inte simma", sa jag och tyckte att det var en konstig fråga.

- "Varför frågar du mig?" sa jag och log mot henne.

- "Du ska bo på en båt" sa hon. Jag trodde att hon skämtade med mig. Sedan kom vi fram till en hamn med flera fartyg. Det var inget skämt. Det var sant. Bussen stannade på kajen. Det var ett svart och vitt fartyg som såg ut exakt som Titanic. "STEFAN BÅT " hette den. Vi lämnade bussen och gick fram till fartyget. Det väntade personal på oss vid dörren. De önskade oss varmt välkomna och vi gick vi in. Vi var de första som kom ombord på fartyget. Men vi blev fler och fler. Efter en vecka var det fullt med folk. Vi blev över 700 personer från olika länder.

En kvinna ur personalen kom fram till oss och valde ut 4 personer från samma land. Vi gick med henne till en hytt på 8:de våningen nära receptionen. De tre personer som gick tillsammans med mig var över 30 års gamla. När vi kom in i rummet blev jag förvånad över hur litet det var. Det skulle knappt räcka till för en person. De som skulle dela rum med mig var alla rökare. I rummet fanns 2 våningssängar. Jag fick sova i översta sängen eftersom jag var yngst. Det jobbigaste var att de andra rökte hela dagen.

Det var svårt att säga emot eftersom de var äldre. Efter några dagar började jag själv röka då jag tyckte att jag ändå skulle påverkas av röken. Deras namn var Fasil, Daniel och Mebratu. Fasil kunde även tala Amhariska flytande (ett etiopiskt språk). Han var en modern man och jag kom mycket bra överens med honom. Han hade lämnat kvar sin fru och sina barn i Etiopien. Daniel och Mebratu hade inga barn.

Nästa dag kom två ur personalen och visade oss var restaurangen, TV-rummet och duschen fanns.

Fartyget var stort.

Det var många människor från olika länder.

De kom från Jugoslavien, Iran, Irak, Somalia, Afghanistan, Nigeria, Etiopien och Eritrea. Men de flesta kom från Mellanöstern. När vi gick runt träffade jag många människor från mitt hemland. De flesta var i samma ålder som jag. Vi lämnade rumsnummer till varandra.

När jag var på väg till mitt rum såg jag en tjej som sprang mot mig. Det var Betlehem.

-"Jag tror inte mina ögon. Är det du Tadde?!" Sa Betlehem förvånad.

-"Vad hände med Tyskland?" sa hon och garvade åt mig. Jag berättade hela historien om vad som hade hänt mig efter det att jag lämnat henne. Hon berättade att hon åkte till Sverige efter en dag. Hon blev mycket populär bland killarna på båten och berättade även att hon blivit tillsammans med en kille från Eritrea

Jag tyckte att det var modigt av henne att hoppa in i en relation så fort.

Jag och Betlehem tappade kontakten på grund av att hennes nya kille var svartsjuk på vår vänskap.

Jag träffade många människor på restaurangen, ofta blev det lång kö. Det händer att det blir konflikt på restaurangen grund av brist på plats. En dag gick vi till restaurangen för att äta middag. På våra bord såg vi en stor skylt på vilken någon hade skrivit "Only for White people". Vi flyttade bara till annan plats för att vi inte ville få problem. Det var några killar från Mellanöstern som hade skrivit. Men några andra killar från Väst Afrika blev förbannade när de såg skylten. De slängde den och trampade på den. Killarna som skrivit skylten kom fram och började bråka med dem. Det blev stort bråk.

Stolar och tallrikar började flyga över allt. Personalen larmade polisen, som kom efter några minuter. De tog reda på vad som hade hänt. Personalen vittnade om händelsen. Efter några timmar kom en stor buss och hämtade killarna från Mellanöstern. De blev placerad på en annan flyktingförläggning. Då märkte jag att Sverige var en bra plats för oss. I början trodde många ljushyade att svenska gillar dem mer än de mörkhyade. Men det bästa med Sverige är att om du inte kan svenska språket då är du invandrare. Det spelar ingen roll om du är vit, svart, eller gul. Jag började gilla Sverige. Det var roligt. De ville sitta på vår plats men efter några minuter var de borta. Det var en komisk händelse. Vi skrattade mycket sedan de hade flyttat.

Det inträffade ofta konflikter och bråk. En dag hände ett stort bråk på båten. Sådant hade jag aldrig sett tidigare. Jag och några killar satt på ett rum och lyssnade musik och drack öl.

Plötsligt såg vi rök genom fönstret.

En kille som var med oss fick panik och började skrika "Brand, Brand".

Sedan samlades många människor för att se branden. En man från Somalia kom in i rummet och ställde sig på en stol för att se branden.

Han hade på sig ett tygstycke runt midjan. Det heter "shiret" och är somaliska traditionella kläder. De ser ut ungefär som att ha på sig en handduk runt midjan efter duschen. Sedan hände något som absolut inte skulle hända. En kille från Mellanöstern, som kom in i rummet för att se branden, drog ner tyget från killen som stod på stolen. Det kan inte finnas något värre för en man från Afrika. De började bråka. Killen från Somalia var ca 190 cm lång och vägde över 100 kilo. Han var stor som ett hus. Folk började få panik. Korridoren var smal och trång. Fler och fler deltog i bråket. Det blev Somalier mot Araber. Även somaliska kvinnor kom med knivar. En kvinna sprutade en kille i ansiktet med brandsläckare. Man såg hur huden skalades av. Det kändes som en dröm. Personalen larmades som vanligt.

-"Stanna här - ingen ska gå dit och bråka" sa Henok och han samlade oss i ett hörn. Det var också andra nationaliteter som blandade sig i bråket. Det blev nästan krig mellan svarta och vita. Det slutade när två killar hoppade ner i vattnet. Killen från Somalia jagade en arabkille med en kniv. Folk skrek överallt. Han jagade honom tills de hamnade högt upp på 9:de våningen.

Arabkillen hade ingen chans att ta någon annan väg utan hoppade rakt ner i vattnet.

Killen från Somalia hoppade efter honom med kniven i handen. Havsvattnet var iskallt. Det var i mars månad. Folk började skrika och alla

sprang ut från båten för att se de två männen som hoppat i havet. På vägen dit var det riktigt kaos. När vi kom ut var flera polisbilar redan på plats. De två männen kämpade för sina liv. Mannen från Somalia hade mycket svårt att simma hela vägen till kajen. Den arabiske mannen simmade hela vägen men låg sedan till synes livlös på rygg. Efter en stund kom en helikopter och tog dem båda till sjukhuset. Efter tiden där flyttades de två till olika förlängningar.

Tiden gick och dagarna blev till veckor och veckorna till månader. Vi var fortfarande kvar på båten. Eritreaner och etiopier började umgås med varandra. Vi hade ingen aning om hur den svenska kulturen var. Vi brukade gå till stan i en större grupp. Vi var ungefär 15 personer. Vi åkte buss runt i Göteborg. Folk blev förvånad och stirrade på oss. En dag blev en tjej sjuk och inlagd på sjukhuset. Vi gick dit för att hälsa på henne. Vi var fler än tio personer. Personalen blev förvånad när de såg oss. I vår kultur måste man gå och hälsa på om någon är sjuk. I sjukhuskorridoren fanns en telefon.

En av våra kompisar ringde till sin familj i Eritrea. På den tiden använde man mynt för att ringa. Ibland kunde man ringa gratis när telefonen blev full med mynt.

När killen ringde blev telefonen full med mynt och då blev det gratis att ringa. Det kom flera människor från båten till sjukhuset för att ringa gratis. De fick information om att telefonen på sjukhuset var trasig.

På den tiden hade vi inte mycket pengar. Vi hade problem att ringa våra familjer. Vi fick bara 700 kr per månad. Om det hände något spreds informationen snabbt över allt. Efter några timmar kom flera poliser till sjukhuset och körde ut oss. Personalen hade inte fattat vad det var så de ringde till polisen när människorna blev fler och fler.

Vi gjorde flera misstag hela tiden. Vi var unga och vi kom från i en helt annan kultur. Det blev kulturkrockar hela tiden. En dag satt vi och åt lunch i restaurangen. Vi satt vid fönstret. Plötsligt såg vi något vitt som föll från himlen. Vi viste inte vad det var. Vi började diskutera vad det kunde ha varit. Vi trodde att det var bomull. Hur kunde det hända tänkte vi. Vi avbröt lunchen och sprang ut från båten. De kom också andra personer med oss för att se miraklet. Vi tittade upp mot himlen och kände att det var blött och smälte direkt i handen. Det var snöflingor. Det hade vi aldrig sett tidigare. Folk skrattade åt oss. Det var inte konstigt för oss som aldrig sett detta förut.

En dag satt jag med Bethlehem, Teble och Elsa vid receptionen och pratade. Sedan kom en kille och frågade oss om vi kände en tjej som hette Helen. Vi svarade honom att vi inte kände den tjejen. Han presenterade sig som Metiku. Han var lång, smal och välklädd. Han hade slips på sig. Han ville att vi skulle kalla honom för "Teki".

Han verkade roligt kille. Han satt med oss länge och pratade.

-"Hur länge har du varit i Sverige ? " frågade han mig . Han frågade mig också om jag hade släkt i Stockholm. Jag blev glad att han frågade mig. Jag ville gärna träffa honom. Jag var alltid ledsen för att jag inte hade någon släkt i Sverige. Han lämnade mig sitt telefonnummer och sa att jag kunde ringa honom när jag ville. Han satt länge med oss. Han frågade aldrig mer om "Helen". Efter några timmar gick han.

Teble blev en av min bästa kompisar. Hon var snäll och rolig. Vi började umgås mer och mer. En dag berättade Teble att hon skulle flyta till en annan flyktingförläggning. Jag blev ledsen eftersom vi hade kommit bra överens på alla sätt. Efter några veckor flyttade hon till Åmål. Livet fortsatte ändå med de andra kompisarna. Jag träffade några kompisar från Addis Abeba, som hade bott i vårt område och började umgås med dem. Jag tyckte att det var roligt att träffa någon som man känner från hemlandet. Vi började festa mycket. En dag berättade en kompis till mig att Teble fött en liten flicka. Jag blev förvånad. Jag viste inte att hon var gravid. När jag tänkte efter så hade hon alltid stora kläder för att dölja sin graviditet. En dag bestämde vi att åka till henne. Jag och några killar köpte en bil för 2000 kr. Det var en gammal Toyota. Vi var förvånad över att man kunde köpa en bil för 2000 kr. I Eritrea var även gamla bilar dyra. Vi var stolta över att vi ägde en bil. En av våra kompisar hade körkort från sitt hemland. Om man hade körkort från sitt hem land fick man köra bil i Sverige i ett helt år utan problem. Vi började åka på morgonen vid kl 7:00. Vi var fem personer med föraren.

Vi åkte först till Systembolaget för att köpa öl.

Vi visste inte att man inte kunde köra bil när man druckit alkohol. Vi drack öl och lyssnade hög musik medan vi åkte. Bilen var gammal och avgasröret trasigt. Det kom ut mycket ljud och mycket rök från avgasröret. Folk skrattade när de körde förbi oss. Vi trodde att de gillade oss. Vi vinkade till dem. En del visade oss långfingret som om det vore en hälsning. Efter tre och halv timmars resa stannade bilen mitt på vägen. Vi blockerade den och det blev en lång kö. Vi fortsatte att festa. Folk blev arga och började tuta. Efter en halvtimme kom polisen och vi fick hjälp att bogsera bilen till Åmål. Killen som kört bilen blev av med sitt körkort och polisanmäld. När vi kom fram till Åmål sålde vi bilen till en verkstad för 500 kr.

I Åmål centrum träffade vi några killar från Eritrea. De visade oss till flyktingförläggningen. Vi träffade Teble på hennes rum med sin dotter i famnen. Hon blev överraskade när hon såg oss. Vi kände inte igen henne. Hon hade förändrats mycket. Teble berättade att hon skämdes säga för oss att hon var gravid. Det var därför att hon inte ville berätta för oss att hon var gravid. Det var många människor som kom från olika platser och hälsade på henne. Hon hade fått en vacker flicka som heter Titti. Titti blev mycket omtyckt på flyktingförläggningen. Alla ville hålla henne. Hon var så vacker. Hon hade fina mörka och stora ögon. Vi hade mycket roligt i Åmål. Efter tre dagar där åkte vi tillbaka till Båten.

Kapitel 9

Vi började söka oss till olika förlängningar och träffade folk.

En dag gick vi till en förlängning för att träffa en tjejkompis. Vi satt och drack kaffe. Plötsligt sprang en kille in i rummet. De var en kille som jagade honom. Det verkade som de skojade med varandra. Killen som jagade kilen var Metiku, som jag träffade på STEFAN BÅT. Han hade pyjamas på sig. När han såg mig blev han förvånad.

-" Vad gör du här?" sa han.

- "Var gör du här själv?" sa jag och log mot honom. Han sa att han ville prata med mig genast. Sedan gick vi ut från rummet. Han bad mig att jag inte skulle säga till någon . När Metiku kom till båten tidigare hade han sagt till tjejerna att han hade bott i Sverige i 10 år. Men han kom till Sverige bara två veckor före oss. Jag lovade Metiku att jag inte skulle berätta för någon. Sedan åkte vi tillbaka till båten.

Tiden gick och vi började bli intresserad av att lära oss svenska. Vi kontaktade Migrationsverket och frågade om vi kunde börja lära oss svenska, men fick till svar att vi inte får börja förrän vi fått uppehållstillstånd för att stanna i Sverige. Vi blev ledsna. Vi visste inte att det behövdes tillstånd att stanna Sverige. Migrationsverket sa att vi först måst göra en intervju.

Vi trodde vi var klara av det när de frågade oss i Ystad.

De sa att intervjun som vi gjorde där bara var ett ankomstsamtal. Migrationsverket informerade oss att vi bara hade en liten chans att få stanna i Sverige. Alla blev oroliga. Vi väntade ett år utan att vi gjorde någon intervju. Vi började splittras till olika platser. Många människor blev deprimerade. Alla mina vänner skickades till norra Sverige.

Plötsligt fick jag information om att jag skulle flytta till en liten plats som heter Svenshögen. Den ligger nära Uddevalla. Efter några dagar kom min handläggare till båten. Vi åkte till Svenshögen med skåpbil. Fyra personer flyttade tillsammans med mig. Det var två män från Somalia och en äldre man från Eritrea. Den Eritreanske mannen var omkring 60 år gammal. Resan tog ungefär en och halvtimme. Jag och den äldre manen började prata med varandra. Han frågade om jag kunde hjälpa honom så att vi fick samma rum. Jag lovade honom att jag skulle hjälpa honom. Det var mycket svårare för en äldre man att bo själv. Han hade aldrig bott själv och aldrig lagat mat i hela sitt liv. Jag var också nästan som han men min generation var bättre på detta än hans. Det var synd att mitt liv blev så här. Jag har alltid flyttat från dem som jag älskade. Flytta blev som en del av mitt liv. Det blev plötsligt som att någon började kontrollera mitt liv. De kunde flytta oss vart som helst och när de ville. Man kan inte ens fråga varför. När vi kom fram till flyktingförläggningen blev jag förvånad. Flyktingförläggningen var byggd mitt i skogen. Den var nybyggd och av containrar. De hade staplat sådana på varandra och byggt trappor utanpå dem.

Jag såg några killar från mitt hemland.

När jag kom närmare kände jag igen en av killarna. Det var Metiku som jag träffade på båten. Han kom fram till mig och tog min resväska och sprang till sitt rum.

- "Kom Tadde, du ska bo hos oss" det finns en ledig plats sa han.

-"Nej Metiku jag har lovat den äldre mannen att jag skall vara med honom" sa jag

-"Kom bara. Tänk bara på dig själv" sa Metiku.

Metiku var den roligaste och modigaste människa som jag har träffat. Den äldre mannen skakade på huvudet.

Den äldre manen flyttade ihop med de två somalierna. Som tur var kunde han prata arabiska. De flesta somalier kunde prata arabiska. Jag gick med Metiku till deras rum.

När vi kom in i mitt rum såg jag två killar som sov på sängen. Vi väckte dem när vi kom in på rummet. Jag presenterade mig och gick till min säng. Alex och Efrem hette de andra två. Efter middagen åkte de två killarna till den närmaste staden för att köpa öl eftersom det inte finns någon mataffär i Svenshögen. Där fanns bara en djurbutik och en skylt som förställer en tåg station. Vi festade hela kvällen. Tre tjejer kom på kvällen och presenterade sig som Marta, Tshai, och Yordanos. De bodde mitt emot oss. De verkade som de kände killarna väl. Jag kom överens med dem direkt.

Första dagen i Svenshögen med Miteku

Svenshögen flyktning kampen

64

Vi blev bjudna på utflykt

För första gången kände jag mig som hemma. Alex och Efrem kom från Addis Abeba. Tjejerna kom från Asmara. De blev glada när de fick veta att jag kom från Eritrea

– "Är du Asmeroms lilebror" frågade Alex.

-"Ja det stämmer" svarade jag. Jag kände igen honom. Alex bodde i vårt område i Addis Abeba. Han hade förändrats mycket. Nästa dag blev jag bjuden till tjejerna. De hade lagat eritreansk mat, "Injera". Jag åt mitt hemlands mat efter ett år. Jag var så glad att jag träffade dem. Jag blev nära vän med Tshai. Hon hjälpte mig att laga mat och jag började ofta umgås med henne. Det var svårt att leva med en grupp killar som man inte känt tidigare. Det blev ofta bråk. Vi hade ingen erfarenhet av att laga mat. Vi lagade ofta spagetti och köttfärssås. Vi kunde inte laga någon annan maträtt.

Vi turades om att laga mat på grund av att det blev tjafs om vem som skulle laga mat. När det var Metikus tur blandade han alla ingredienser i samma kastrull och kokade maten. Ingen ville äta den mat som Metiku lagat.

Vi bestämde att Metiku inte skulle få laga mat längre. I stället skulle han tvätta våra kläder en gång i veckan. Metiku gjorde det med flit för att inte behöva laga mat. Vi kände Metiku väl. Det blev samma sak med våra kläder. Han bara blandade alla färger, stoppade in dem i tvättmaskinen och tryckte på startknappen. Vi bestämde att han inte heller skulle få sköta tvätten.

Varje kväll gick jag till den äldre mannen för att hjälpa honom. Jag lagade mat, städade och diskade åt honom. Jag tyckte synd om honom. Han påminde mig om min pappa. Jag fick skuldkänsla om jag inte höll mitt ord. En gång kom min morbror till Sverige för att besöka mig. Den äldre mannen berättade för honom att hans fru och hans barn bodde i Tyskland.

- "Varför kom du till Sverige?" frågade min morbror.

-"Jag tänkte att det skulle vara lättare att få uppehållstillstånd i Sverige" sa den äldre manen . Sedan tänkte han att han skulle flytta till Tyskland när han hade fått uppehållstillstånd. Min morbror förklarade för honom att om hans fru ansökte om att hennes man, som är Sverige, skall få komma till Tyskland då skulle han kunna få uppehållstillstånd där direkt. Efter tre månader hade den äldre mannen fått uppehållstillstånd och flyttade till Tyskland. Jag blev fri från min skuldkänsla. Sedan den äldre mannen flyttat kom en ny kille som heter Gon "Chistaw ". Han blev också vår närmaste vän. Goni var en kille som inte brydde om någonting. Han blev mycket populär på grund av sin attityd. Alla gillade honom. Vi började trivas i Svenshögen och hade mycket roligt. Varje kväll drack vi öl och pratade hela kvällen. Metiku var en rolig kille. En dag satt vi hos tjejerna och drack kaffe och tittade på Tv. Vi hade väldigt trevligt. Plötsligt såg vi på nyheterna att det blivit krig i Etiopien. Eritreanska gerillasoldater "Shaebia" och "Weyane"(Tigraysk rörelse) hade kommit in i huvstaden. Soldaterna körde stridsvagnar mitt i staden. Det var explosioner överallt. De tog över presidentpalatset.

Nästa dag ringde jag till min familj och de berättade att en explosion träffat våra fönster men ingen blev skadad. Efter tre dagar lämnade presidenten Mengistu Haile Mariam landet. För första gången, den 24 maj 1991, blev Eritrea självständigt. Vi blev oroliga eftersom vi flydde från hemlandet på grund av diktaturen. Men nu var han borta. Vi förstod att det skulle påverka oss. En dag satt vi hemma och åt lunch. Då hörde vi från tjejernas rum att någon grät. Vi sprang in till deras rum. Det var Tshai som grät. Vi frågade vad det var. Marta berättade att Tshai hade fått ett brev från Migrationsverket om att hon skulle lämna Sverige omedelbart. De tre tjejerna grät mycket. Vi var hos henne hela dagen. Vi tyckte synd om henne. Vi lovade att vi inte skulle glömma henne om hon deporterades. Hon grät hela dagen och hela kvällen. Vi kunde inte lämna henne ensam. Vi sov över hos tjejerna och stannade också hela nästa dag.

Vid klockan 16 gick vi hem. – "Va fan!" sa Miteku när han öppnade vår dörr. På golvet låg det fyra brev från Migrationsverket. Vi fick samma brev som Tshai. Vi tittade på varandra och började skratta, panikskratt. Efter en stund blev vi ledsna. Flera gånger fick vi varningar om att vi skulle lämna landet.

Många människor från Västafrika utvisades nästan varje dag. En dag kom flera poliser till flyktingförläggningen för att utvisa en man från Kamerun. Han var gift med en kvinna från Polen. De två hade en väldigt vacker dotter på 4 år. Vi hörde hur människorna skrek. Poliserna ville gripa mannen för att utvisa honom till hans hemland.

Många människor skrek åt poliserna och kallade dem fulla ord. Hans fru grät och var mycket ledsen. Hennes dotter fattade inte vad det var, men hon grät med sin mamma. Polishundarna skällde på folk som samlats. Det var sorgligt att se det som hände. Alla människor som samlades var sårbara. Alla hade fått utvisningsbeslut. Mannen ville inte komma ner från trädet dit han klättrat upp. Han klättrade högre och högre upp i trädet och vägrade gå ner. Polisen varnade honom att han skulle komma ner. Alla skrek och det blev mycket högljutt. Poliserna kände sig hotade och släppte hunden. Mannen blev biten i fötterna. Efter några timmars drama blev han gripen. Sedan såg vi honom aldrig mer.

Det var svårare att utvisa eritreaner på grund av att landet var helt nytt. Ingen visste hur det skulle komma att bli i det nya landet. Vi levde oroligt. På flyktingförläggningen blev det konflikt mellan eritreaner och etiopier på grund av att Eritrea separerats från Etiopien. Det blev ännu svårare för Amicher. Amicher är eritreaner som är födda i Etiopien. En av dem var jag. En gång blev det en fest på flyktingförläggningen. Alla nationalitet skulle laga mat på festen. Alex och Metiku kom från Etiopien medan jag och tjejerna var från Eritrea. Jag blev förvirrad om vad jag skulle vara. Metiku såg mig när jag blev förvirrad.

-"Tadde, du måste gå till dem. Du behöver inte tänka på oss. Det spelar ingen roll om du kommer från Eritrea, du är ändå du är vår kompis" sa Metiku. Det var skönt att höra det från honom. Efter den dagen började jag säga att jag var från Eritrea. När jag bodde i Etiopien var det ingen som visste att jag kom från Eritrea. På den tiden var det farligt att säga att man kom från därifrån.

Kapitel 10

Vi fortsatte att leva tillsammans och hade mycket roligt tillsammans. På kvällarna satt vi ute och lyssnade på etiopisk musik och drack öl. Vi blev ofta bjudna till tjejerna. Metiku var den roligaste kille som jag har träffat. Han gav smeknamn till alla människor som bodde på flyktingförläggningen. Tjejerna gillade hans skämt. De hade aldrig umgåtts med etiopier.

Jag lärde mig Eritreas språk tigrinja på flyktingförläggningen. När det var högtider åkte alla till sina släktingar. Jag och Metiku hade inga släktingar i Sverige. En gång skulle Alex och Efrem åka till Göteborg för att fira påsk. De skulle stanna i Göteborg i två veckor.

-"Tadde, vi kan åka till Göteborg. Jag har en kompis som jag känner" sa Metiku.

-"Ja vist kan vi göra det" sa jag. Jag blev glad att vi skulle resa. På kvällen åt vi upp all mat som fanns i kylskåpet för att den inte skulle bli för gammal. Nästa dag åkte vi till Göteborg.

"-Har du pratat med din kompis?" frågade jag Metiku.

-"Han brukar vara hemma. Vi behöver inte ringa" sa Metiku. Vi kom fram till kompisens lägenhet vid femtiden på eftermiddagen. Vi ringde på dörrklockan, men det var ingen som öppnade. Vi såg genom brevlådan någon som rörde sig. Vi väntade c:a en timme men han öppnade aldrig.

Metiku blev arg på honom och sa " Idioten, jag vet att du är hemma" sa Miteku då började jag skratta ,

Sedan åkte vi tillbaka till Svenshögen samma dag. Vi hade inte ätit på hela dagen. När vi kom hem hade vi ingen mat. Vi hade ätit upp allt innan vi åkte. Det fanns inga eritreaner eller etiopier på flyktingförläggningen. Vi hade inte heller några pengar. Som tur var hittade vi mjöl. Vi bakade tunt bröd med smör "kita ferfer". Det är en traditionell eritreansk frukost. Vi åt samma mat i två veckor. Jag glömmer aldrig den dagen. För Metiku och mig blev det en upplevelse och vi kom mycket närmare varandra. När tjejerna kom tillbaka berättade vi för dem vad vi hade varit med om. De skrattade åt oss för när Metiku berättade lät det som ett skämt.

Vi levde i två år tillsammans. Efter två år fick vi nästan alla uppehållstillstånd i Sverige.

-"Tadde, jag ska flytta till Vänersborg" sa Metiku och han var ledsen när han berättade det. Tjejerna blev mycket ledsna. Vi tänkte att livet på flyktingförläggningen skulle komma bli tråkigt utan honom. Det var han som höll vårt mod uppe. Han frågade sin handläggare om jag kunde flyta med honom, men svaret var nej. Efter en vecka flyttade Metiku till Vänersborg.

Sedan fortsatte vi att leva utan honom. En efter en flyttade de oss till olika platser. Planen var att ingen skulle bo på samma plats. Vi tyckte att det var taskigt av dem. Det blev tråkigt flytta hela tiden. Att flytta från dem man älskar blev normalt för mig.

Jag fick veta att jag skulle flytta till Borås och undrade vad som skulle komma sedan. Vem skall jag träffa sedan. Jag flyttade ensam till Borås. En man och en kvinna från Migrationsverket kom och hämtade mig. Vi åkte bil till Borås. Jag hamnade tillfälligt på ett hotell till dess de ordnat lägenhet åt mig. Jag blev ledsen över att jag skull bo på ännu ett nytt ställe. Jag fick i alla fall ett eget rum med tv och egen säng. Det var för första gången jag sov själv. Jag blev faktiskt orolig och rädd. Då var jag ungefär 20 år gammal. Jag kunde inte sova på hela den första natten. Vid kl 7 på morgonen hörde jag några killar som pratade Amaringa i korridoren. Jag öppnade dörren försiktigt och tittade ut, Där såg jag tre killar som skulle gå till restaurangen för att äta frukost. De såg mig när jag öppnade dörren. Jag klädde mig och borstade tänderna. Sedan gick jag till restaurangen. Där var redan mycket folk. Jag gick till killarnas bord och jag satte mig hos dem.

"-Hej jag känner igen dig" sa Gedion .

-"Jag också" sa jag .

-" Gick du skola i Tekur Anbesa "sa Gedion .

Det var där jag träffade Gedion. Han kom ofta till vår skola. Simon träffade jag för första gången. Simon var från Eritrea och Seyfe var på" stefan Båt" Seyfe kommer från Etiopien. De berättade att de hade varit i Borås i två månader. Efter middagen åkte vi till stan. De vill visa mig runt i Borås. De tre killarna var roliga att umgås med. Jag kände mig hemma. Vi gick till en pub där killarna ofta tillbringade sin tid.

Första dagen När jag kom till Borås

När jag träffade Gedion, Simon och Seyfe på restaurangen

Jag blev bjuden på öl hela kvällen. Det kändes som om jag känt dem i evigheter. Vi kom överens på direkten. Killarna berättade att det bodde tre eritreanska tjejer i Borås. De brukade träffa dem. De tre tjejerna hade egna lägenheter. En dag gick vi till en av dem. När vi ringde dörrklockan öppnade en liten tjej på ungefär på fyra år. Jag kände igen hennes utseende.

"-Mammi ! några killar kommer", sa flickan. När mamman kom blev jag förvånad. Det var Teble från Båten.

- "Tadde! Jag tror inte mina ögon" sa Teble. Jag blev så glad när jag träffade henne. Jag och Teble hade kommit överens från första dagen. Jag hade alltid tur. Jag träffade ännu en gång människor som jag gillade. Mina kompisar och jag gick ofta till Teble. Hon hade två tjejkompisar som ofta var hos henne. Arsema och Elsa blev också vår närmaste vänner. Vi blev en grupp som ofta träffades hos Teble. Tejerna lagade ofta eritreansk mat. På stan gick vi ofta grupp.

I Borås hade vi problem med rasister. De demonstrerade ofta för att alla invandrare skulle utvisas. På den tiden fanns det också mycket Skin Heads i Borås. Ofta såg vi på nyheterna att det var brand på olika flyktingförläggningar. Vi var livrädda när vi gick i stan. För säkerhets skull gick vi helst i grupp. De flesta människorna i Borås tittade snett på oss. För oss var det också svårt att sitta hemma. Vi kom från ett land där folk ofta umgicks tillsammans. På bussarna vaktade folk sina handväskor som om vi vore ficktjuvar. Det mest irriterande var att folk flyttade sig när vi satt nära dem. På restauranger blev vi ofta utvisade. Inte sällan hamnade vi i bråk.

På en cafeteria kunde vi inte sitta mer än halvtimme. De kom och sa "Ni måste gå ut, ni har suttit länge ". En dag kom en kompis från Göteborg för att besöka oss. Han heter Elias "kuraw". Vi gick med honom till puben dit vi ofta brukade gå. Vi berättade för Elias att vi hade problem med dem som jobbar på puben. De bråkade ofta med oss på för att vi var invandrare. Det konstigaste var att de själva var invandrare. Ofta hade vi problem med dem som kom från andra länder. I början viste vi inte vilka som var svenskar eller invandrare. Det var svårt för oss att veta. På den tiden var det många flyktingar som flyttade till Borås. Elias blev arg när vi berättade vad vi hade varit med om i Borås. Han var redan på dåligt humör när han kom från Göteborg. Hans flickvän hade gjort slut med honom.

"-Titta! Nu jag ska irritera servitören" sa Elias för att visa sitt missnöje."Hej! Hallo kan du hämta tio stycken öl" sa Elias. Vi var bara fyra stycken som satt vid bordet. Servitören blev förvånad och hämtade ölen i alla fall. Elias hade mycket pengar. Efter några minuter beställde han fem öl till. Flera gånger beställde Elias öl. Hela bordet blev fullt med öl. Servitören började bli irriterad och vägrade hämta mera öl. Han tyckte det var för mycket. Vi blev glada eftersom vi tidigare brukade beställa max tre öl per person. De brukade visa ut oss när vi inte beställer mer. Nu kunde de inte göra något. Vi hade över 20 flaskor på bordet. Vi började dricka mer och mer och bjöd några svenskar som var stammisar på puben. De kom och satte sig hos oss. Servitören kunde inte göra något. Elias ville beställa mera öl men servitören vägrade hämta. Svenskarna som satt med oss beställde mer öl.

Vi drack för mycket. Vi satt över 5 timmar. Vi blev högljudda. Plötsligt kom två vakter och bad oss lämna puben. De sa inte till svenskarna, bara oss. Plötsligt flög Elias på servitören och slog honom. Vakterna hoppade på Elias. Vi började bråka med vakterna. Det blev katastrof på puben. Det flög flaskor och stolar överallt. Vi var så arga att ingen kunde stoppa oss. V i hade samlat vår ilska länge.Efter några minuter kom flera poliser och omringad oss. Gedion skadade armen. Elias blev av med några flätor från huvudet. Jag fick blåmärken i ansiktet och en av servitörerna fick en ölflaska i huvudet. Sen körde poliserna oss till häktet och satte oss där. Efter 24 timmar släppte polisen oss. Egen lägenhet fick jag för första gången sedan jag bott sex månader på hotellet. Den var på 65 kvm och hade två rum och kök. Jag blev så glad. Jag fick också plats i skolan. Socialtjänsten kom hem till mig och informerade om att jag måste ansöka om lån från CSN för att köpa möbler. Jag skrev under lånekontraktet utan att förstå vad det handlade om. Efter en vecka fick jag 20.000 kr. Jag gick till affären och köpte en stereo för 8.000 kr. Det var en Painior stereo. Den hade flera delar. Det fanns cd-spelare, skivspelare, radio och equalizer. Gedions kompis Temesgen hade bil och hjälpte mig att handla köksutrustning. En dag kom min handläggare från Socialtjänsten utan att meddela mig i förväg. Jag var hemma och åt lunch på golvet. Jag hade inte köpt soffa eller bord. Hon tittade runt i lägenheten. Det var tomt. Hon skakade på huvudet.

-"Varför köpte du bara stereo?" frågade hon mig . "Förresten, vad kostade stereon?" sa hon.

77

Hon blev förvånad när jag berättade vad den kostade.

- "Om det varit en svensk skulle han först ha köpt en säng och sedan soffa och bord. Sist skulle han köpt en stereo" sa hon och skrattade. Jag hade nästan slösat bort pengarna på fest. Efter några veckor köpte jag möbler i andra hand.

Gedion blev placerad i en liten stad utanför Borås, men var nästan alltid med oss i Borås. Vi började på SFI. Där fick vi lära oss svenska från början. I vår klass fanns människor från många olika länder som aldrig hade gått i skola. Vi började tillsammans med dem och skrattade när vi fick starta med ABC........ Vi var klara på SIF efter 7 månader. SIF var den roligaste kurs jag har varit med om. Där hände en massa roliga saker. En gång var det en eritreansk tjej som gick med oss på SFI. Alla skulle presentera sig för klassen. Vi kom nästan från hela världen. Det var många som presenterade sig som kom från olika delar av Kurdistan. De började med att säga kurd från Irak, kurd från Iran, kurd från Turkiet osv. Den eritreanska tjejen blev förvirrad av att alla började med att säga kurd från hit och kurd från dit. När det blev hennes tur sa hon att hon var kurd från Eritrea. Alla började skratta. Hon trodde "kurd "var ett tilläggsord som man skulle säga före namnet på landet.

Livet i Borås blev lite bättre när vi hade lärt oss lite svenska, men fortfarande hade vi problem med människorna. På de flesta cafeterior kunde vi inte stanna längre än 45 minuter. De bad oss ofta att gå. Vi orkade inte gå ut mera. I stället började vi umgås hemma. Livet i Borås var svårt.

Kapitel 11

En dag kom Rahel och Genet från Stockholm för att besöka mig. De stannade i en vecka. En dag ville Rahel och Genet gå på diskotek. Jag ringde Simon och bad honom att köpa öl från Systembolaget. Sen började de dricka. Jag kunde inte dricka den dagen eftersom jag åt antibiotika. Jag var väldigt förkyld men följde ändå med för deras skull.

Vi gick till ett diskotek i mitt i stan. Det var mycket folk vi dörren. När vi kom in stoppade vakten bara på mig.

– "Du är berusad, så du kan inte komma in" sa dörrvakten. Simon och tjejerna gick in och väntade på mig. "Vad snackar du om? Jag har inte druckit något. Fråga mina kompisar" sa jag. Han ville inte släppa in mig. Vi visste och kallade det "Dörrvaktsystem". De brukade göra så när de inte vill släppa in folk som de inte gillade. Dörrvakterna vet att om en inte kommer in så går också de andra tillbaka.

Jag blev så arg på vakten. Medan vi tjafsade såg jag en polisbil som körde förbi. Jag sprang efter den och ropade högt "Polis,Polis " och polisbilen stannade.

– "Kan ni hjälpa mig. Dörrvakten vill inte släppa in mig" sa jag. "Jag har inte druckit. Ni kan testa mig om ni vill "sa jag. Det två poliserna parkerade bilen och vi gick till vakten.

- "Varför kan han inte gå in?" frågade en av poliserna.

– "Han har druckit" sa vakten.

– "Jag har inte druckit. Jag tar antibiotika för att jag har en infektion i kroppen" sa jag.

-"Det är vakten som bestämmer" sa en av poliserna och började gå därifrån. De hade inte ens försökt. Jag blev så arg på poliserna.

- "Ni är också rasister! Ni gör ingenting", sa jag för att jag var så arg på dem. Simon och tjejerna kom till mig för att lugna mig. Jag var arg på alla. Jag blir arg om någon anklagar mig för saker som jag inte har gjort. Simon och tjejerna försökte förklarar för poliserna, men de började knuffa de också.

Efter några minuters bråk satte poliserna handbojor på mig. Sedan åkte jag till häktet. När jag kom dit knuffade de bara in mig som en brottsling och låste rummet. Det var litet och trångt. Golvet lutade mot toan. Man kunde inte sitta på golvet utan att glida neråt. Man hade byggt golvet så för att man inte skulle kunna sova. Det fanns ett hål som stank urin. Jag kämpade hela natten med att inte hamna på kisshålet. Nästa dag kom en polis och öppnade dörren. Klockan sex på morgonen fick jag tillbaka fick mitt bälte, skor och nycklar.

– "Får jag prata med högsta chefen" sa jag till polisen som öppnade dörren.

"Varför vill du prata med chefen" sa han.

"För att jag fick sitta här hela natten utan jag hade gjort något fel" och så berättade jag hela historien för honom.

- "Du hade tur att du kom hit igår.

Du var mycket berusad och du kunde inte stå på dina ben" sa polisen. Poliserna rapporterade att jag var berusad och inte kunde stå på benen. Då hade jag inga bevis för att kunna bråka med dem.

De kunde bara säga att alkoholen var borta. "Skit samma" tänkte jag. Jag blev besviken på allt och orkade inte diskutera med dem. Det var tidigt på morgonen när jag lämnade polishuset. Jag gick till busshållplatsen och tittade på tidtabellen. Men bussen skulle komma först efter 45 minuter. Jag ville inte vänta så länge eftersom jag var så trött. Jag vågade inte stanna där ensam och kanske somna på busshållplatsen. Jag ville inte heller riskera mitt liv, så jag gick hem hela vägen. Det tog över 40 minuter. Jag blev orolig för hur det gått för Simon och tjejerna. Jag visste att Simon inte kunde ta hem tjejerna eftersom han var gift. Efter en timme ringde min telefon. Det var Rahel. Hon berättade att de hade gått till häktet för att hämta mina nycklar, men polisen vägrade lämna dem. Simon lämnade dem hos en kompis som heter Abey. Jag gick direkt till Abey och hämtade tjejerna. De berättade att de inte hade sovit på hela natten. Rahel och Genet stannade i Borås i en vecka. Sedan åkte de tillbaka till Stockholm. Livet i Borås blev svårare. Rahel och Genet undrade varför jag fortsatte att bo där. De sa att de kunde ordna en lägenhet åt mig i Stockholm.

Så en dag åkte jag till Stockholm för att besöka dem. Genet bodde med sin storasyster och Rahel med en svensk familj.

Livet i Stockholm var annorlunda än i Borås. Det är stor stad och ingen bryr sig om man är invandrare eller svensk.

Man har många alternativ att välja mellan vad man vill gå till. Det finns till och med etiopisk restaurang. Jag hade mycket roligt i Stockholm och började fundera på att flytta dit. Efter en vecka åkte jag tillbaka till Borås. Jag berättade för Gedion , Seyfe och Simon om livet i Stockholm.

Det gick inte en enda dag utan att jag tänkte på min familj och mina kompisar i hemlandet. Jag kunde inte ringa dem så ofta som jag ville eftersom jag hade problem med ekonomin. Jag

fick bara 2000 kr i månaden till mat, transporter, el-räkning och telefon. Därför brukade jag skriva brev till mina föräldrar en gång i månaden. Min pappa blev ledsen när jag berättade om mitt liv. Pappa skickade telefonnummer till en kusin som bodde i Stockholm. Han ville att jag skulle ta kontakt med henne. Jag hade alltid varit ledsen för att jag inte hade någon kusin i Sverige. När det var lov brukade alla mina kompisar åka till sina släktingar. Jag stannade hemma själv och väntade på att mina kompisar skulle komma tillbaka. Jag blev glad när jag fick telefonnumret till Letu. Hon var min pappas kusin. Jag ringde henne. Hon var gift och hade tre barn. Hennes man heter Girum. En dag åkte jag till Stockholm för att träffade dem. Girum var en mycket snäll och väldigt klok man. Jag och Girum kom överens på en gång. Jag stannade över en vecka hos dem och mådde mycket bra.

Efter fem år hade jag äntligen träffat en kusin. Sedan jag kommit tillbaka till Borås började Girum ringa mig ofta.

När det var högtider började jag åka till Stockholm. En dag satt jag och åt frukost hemma när telefonen ringde.

-"Hello" sa jag .

-"Hej Jag heter Azeb. Jag fick ditt telefonnummer av min kusin Semehar" sa hon.

- "Hej Azeb. Vilken Semeha?" frågade jag henne.

- "Semehar från Göteborg" sa hon. Semehar var en tjej som jag träffade när jag bodde på Båten. Jag och Semehar hade gemensamma kompisar i Göteborg.

-"Jag flyttade till Borås förra veckan" sa Azeb. Vi bestämde en tid då vi skulle träffas. Azeb var en mycket glad tjej. Hon hade lätt för att skratta. Hennes skratt smittade. Vi träffades på en pub som jag brukade gå till med mina kompisar. Mina kompisar och jag hade döpt puben till "Nitton" för att en stor stark öl kostade 19 kronor där. Vi satt nästan i 4 timmar på puben. På kvällen kom Simon, Gedion och Seyfe till puben. De stannade med oss hela kvällen. Killarna gillade Azeb. Hon började umgås med oss nästan varje dag. Tebles dotter Titti blev alltid glad när vi kom till dem. Arsema hade också en dotter i nästan samma ålder som Titti. Hon heter Luwam. Luwam och Titti blev bästa kompisar.

En dag bjöd Azeb oss på sitt 19-årskalas. Många killar och tjejer kom. De flesta var från Göteborg.

Azeb beställde bord för 20 personer på en restaurang. Vi drack alkohol hos henne innan vi gick till restaurangen.

Den låg mitt i stan. Folk stirrade på oss eftersom vi var så många. När vi kom till restaurangen var det redan mycket folk vid dörren. Vi gick fram till dörrvakten och berättade att vi hade bokat bord.

-" Ni har inte bokat här" sa vakten.

-"Jo, vi har bokat. Jag är hundra procent säker på att vi har bokat bord" sa en av våra kompisar. Han pratade flytande svenska. När han bokade bord trodde de att han var svensk. Vakten började bli otrevligt som vanligt. De blev högljudda båda två. Sedan knuffade vakten killen från dörren. Killen ramlade omkull. Folk som stod i kö blev störda. Alla började skrika mot vakten. Vi var många och nästan alla hade druckit för mycket alkohol. Det kom en vakt från restaurangen. Det var samma vakt som inte släppt in mig när jag var med Rahel och Genet. Han gick ut och slog två killar. Det blev stort bråk. Det var vinter och mycket snö. Flera polisbilar kom och omringade oss. Det blev ett riktigt stort bråk. När jag såg vakten tänkte jag på den dagen då jag hamnade i häkte utan att ha gjort något fel. Jag blev förbannad när jag såg honom.

Jag sprang in mitt i bråket och slog killen som redan låg på marken. Poliserna började angripa oss. Det var mycket snö på gatan. Vi kunde inte springa och sex personer ramlade omkull. Polisen grep alla sex. En av dem var jag.

En tjej som heter Senait sprang fram till poliserna och örfilade en av dem för att de hade misshandlat hennes kille rejält. Hon blev gripen. Polisen kunde inte ta henne till häktet på grund av att hon var minderårig. De två vakterna blev riktigt skadade. En av vakterna skrek "Djävla neger, Djävla Neger" flera gånger. Sedan allt blivit lugnt körde poliserna oss till häktet. Vi fick stanna där 12 timmar. De släppte oss tidigt på morgonen. Vi fick veta att vi skulle vänta på en rättegång.

Sedan bestämde jag mig för att flytta från Borås. Det var tråkigt. Jag hade börjat trivas i Borås men kunde inte leva så här. Jag kunde inte bråka varje dag på grund av andra människors dumhet. Det ligger inte i min personlighet att bråka. Efter 3 månader blev vi kallade till rättegången. Personer som var med vid bråket vittnade om att felet var vakternas. Sen blev vi fira.

Jag sade upp min lägenhet. Sedan väntade jag i tre månader, sålde alla mina möbler utom min stereo och flyttade till Stockholm. Gedion blev ledsen när han hörde att jag skulle flytta. Jag lovade honom att jag skulle prata med mina kusiner om de kunde fixa boende i Stockholm. Till Stockholm åkte jag med en kille som skulle hälsa på sina kusiner. Själv träffade jag min kusin Letu och hennes man Girum. Vi ringde min mamma och pappa och berättade att vi hade träffats. Letu hade förberett mycket. Hon hade lagat olika maträtter. Jag var så glad att jag flyttat till Stockholm. Jag stannade länge på kvällen och tittade på tv med dem. Efter tre dagar berättade Girum att jag skulle bo själv i en lägenhet. Jag skulle betala en hyra på 5000 kr.

Jag blev förvånad eftersom jag inte hade någon inkomst. Girum trodde att jag hade jobb i Borås. Han visste inte att jag studerade. Girum blev lite besviken över att jag inte hade någon inkomst. Nästa dag gick jag till Socialtjänsten och sökte bidrag, men fick avslag och de

vägrade ge mig någon hjälp. De undrade varför jag hade flyttat till Stockholm utan anledning. Jag ångrade att jag hade flyttat. Jag började tänka på hur jag skulle kunna klarar mig utan pengar. Stockholm är en stor stad. Man kan inte klara sig utan pengar. I Borås kunde vi promenera från centrum till bostaden.

Jag flyttade in i lägenheten som var möblerad, så jag behövde inte köpa något. Efter tre veckor åkte Girum och hans familj till Eritrea på semester. De skulle stanna i tre månader. Då började det verkligen bli svårt för mig att leva i Stockholm. Jag kände ingen i Husby där lägenheten låg. Jag vågade inte ringa Rahel och Genet. Jag ville alltid klara mig själv när det gäller pengar. Jag började gå runt i Husby för att lära känna folk. En dag gick jag till Husbytorget och såg två etiopiska tjejer. Jag hörde att de talade tigrinja, så jag gick fram och pratade med dem. De var syskon. Den ena var ganska ung och hon var ungefär 17år gammal. Den andra var ungefär 27.

- "Är du ny här? Jag har aldrig sett dig här" sa den yngsta tjejen.

- "Jag heter Zegereda och vi bor här i Husby" sa hon. Hon var mycket trevlig. Hennes äldre syster var blyg och sa inget utan presenterade sig bara med sitt namn.

- "Jag är ny här och jag flyttade hit från Borås för några veckor sedan och förresten, jag heter Tadesse" sa jag.

Vi växlade telefonnummer med varandra.

- "Jag ringer dig sa Zegereda", sedan gick de därifrån. Jag gick runt på torget. Efter några timmar gick jag hem. När jag kom in i min lägenhet ringde plötsligt telefonen Det var Zegereda.

- "Kan jag komma hem till dig" sa hon. Jag kunde inte säga nej eftersom jag behövde någon.

-" Ja, javisst, du är välkommen" sa jag. Jag bjöd henne på te och vi började prata. Jag berättade allt vad som hade hänt mig. Hon tyckte synd om mig. Nästa dag kom hon med mat. Vi åt lunch tillsammans. Jag var tacksam att någon kunde hjälpa mig. Hon började komma nästan varje dag. Mina pengar från A-kassan fick jag aldrig. Jag ringde till A-kassan, men det var alltid lång kö. Den tiden var det mycket dyrt att ringa utanför Stockholm och jag vill inte ringa mer från Girums telefon för han skulle kanske misstänka att jag hade ringt till hemlandet. Tiden gick och det blev allt svårare att leva utan pengar. Jag kontaktade Rahel och Genet men det var svårt för dem också att hjälpa mig. En dag gick jag till Arbetsförmedlingen och pratade med en kvinna om de kunde hjälpa mig att ringa till A-kassan. Hon sa att hon inte kunde hjälpa mig.

– "Du måste hjälpa mig, annars jag går inte ut härifrån" sa jag. - "Jag kan inte ringa härifrån.

Du måste ringa själv" sa hon och bad mig gå ut. Men jag
vägrade gå ut.

- "Va fan ska jag göra. Jag har inte pengar. Vill du att jag ska
råna folk?" sa jag. Jag blev arg på henne. Det var inte hennes
fel, men jag hade inget alternativ. Hon ringde till polisen
eftersom hon kände sig hotad. Efter några minuter kom två
poliser. De frågade mig vad jag håller på. Jag förklarade för
dem att jag inte hade haft några pengar på nästan tre
månader och inte hade några släktingar som kunde hjälpa
mig. Poliserna tyckte synd om mig. De ringde till Socialen och
frågade varför att de inte hade hjälpt mig.

-"Ni måste hjälpa killen så snart som möjligt. Han har det
mycket svårt" sa polisen. Kvinnan på Arbetsförmedlingen
ringde till A-kassan och frågade varför det dröjde med
betalningen. A-kassan sa att jag inte hade skrivit under min
ansökan som jag skickat. A-kassan lovade att de snart skulle
skicka tillbaka min ansökan till min hemadress och att jag
skulle jag skriva under den och sedan skicka tillbaka den till
dem. En av poliserna förklarade för socialsekreteraren att han
skulle låna mig 3000 kr, som jag sedan skulle jag lämna
tillbaka till honom när jag fått mitt bidrag. Efter en vecka kom
mina pengar. Som jag hade lovat gick jag till Socialkontoret
och lämnade tillbaka pengarna till socialsekreteraren. Sedan
fick jag mina 3-månaders bidrag. Det kändes nu mycket
bättre.

Efter några månader började jag på Komvux och läste SAS dvs. Svenska Som Andraspråk. Girum och hans familj kom hem från Eritrea. Det som var konstigt var att Girum och Letu separerade direkt efter semestern. Jag blev förvånad att det gick fort med allt. Tidigare hade jag hört att i Europa kunde giftemål spricka lätt och enkelt. Folk separerar till synes utan anledning. Om du gifter dig i mitt hem land - då är du gift.

Girum berättade för mig att han ville bo med mig och att vi skulle betala halva hyran var. Jag tyckte att det var bra för min del. Girum var snäll och omtänksam. Jag hade inga svårigheter att bo tillsammans med honom. Jag skaffade nya kompisar. Han hade aldrig sagt till mig att jag inte skulle ta hem någon. Jag var också snäll mot honom. Ofta lagade jag mat och städade lägenheten. Jag tyckte synd om honom för att han separerat från sin fru. Girum älskade sina barn. Jag undrade hur han skulle klara sig själv utan sina barn. Girum var en underbar pappa för sina barn. När jag bodde några veckor hos dem såg jag hur han hjälpte dem. Han brukade hjälpa barnen med läxor. Han hjälpte dem också att borsta tänderna, städa sina rum m.m. Jag var ledsen att han separerade från sin fru.

En dag ringde Gedion mig och berättade att han skulle flytta till Stockholm. Jag blev så glad. Sedan jag flyttade från Borås var det flera av mina kompisar som flyttade till Stockholm. När Teble , Arsema och Mitku flyttade blev jag så glad. Mitiku flyttade med en kompis som heter Eskew. Eskew blev en av mina bästa kompisar. Vi blev fler och fler. Vi började gå ut och festa. I Stockholm hade vi inga problem.

Kapitel 12

Vi kunde gå vart som helst. Vi hade många alternativ att välja mellan. Det fanns flera eritreanska och etiopiska restauranger. Vi åt injera varje dag. Girum berättade att min kusin Dawit skulle komma från Sudan. Dawit är Samis storebror. Jag blev så glad att få träffa honom. Jag blev omgiven av mina kompisar och kusiner. Tidigare hade jag alltid varit ledsen över att jag inte hade släktingar i Sverige.

Dawits bror Tedros flyttade också från norra Sverige. Jag och Tedros kom till Sverige nästan samma månad. Efter några veckor kom Dawit till Stockholm. Vi började umgås.

Han är en mycket snäll och omtänksam kille. Han påminde mig om min kompis Sami. De har nästan samma personlighet. Dawit hade redan mycket kontakter med sina vänner i Sverige. Han var en mycket social kille som älskar människor. Jag började träffa hans vänner också. Min barndomskompis Naser Kahsay kom till Stockholm samma månad. Naser hade inte förändrat ett dugg. Han var fortfarande barnslig.

Mina kompisar tyckte att Naser var lite barnslig. Ofta gjorde han barnsliga saker. När vi var barn, ungefär nio år gamla, brukade han köpa en kyckling från marknaden och ordnade en lottodragning. Han sålde lotto i hela området. Han brukade sälja nästa 100 lotto för en lottodragning. När han gjorde lottodragningen vann alltid hans familjemedlemmar. Vi brukade kalla dem "familjen vinnare".

-" Kommer du ihåg när ni vann hela tiden på lottodragningen" frågade jag Naser. Han började skratta och berättade sin hemlighet. Han köpte ett likadant lotto och skrev alla lotto på sina släktingars namn. Sedan bytte han lottot så att de vann hela tiden. Vi var nio år gamla. Han klagade på att jag hade förändrats mycket. Han ville att vi skulle busa med folk som när vi var små. Det blev ofta konflikter med honom. Vi hade mycket roligt när vi var små, men inte nu längre. Jag hade blivit vuxen. Vi började tjafsa mycket. Han kom ofta till mig och lyssnade på hög musik. Jag blev orolig eftersom granarna ofta klagade på oväsen. En dag satt jag, Dawit och Naser och åt frukost. Som vanligt spelade han hög musik. Jag bad honom att sänka ljudet. Då blev han arg och välte maten från bordet.

- "Vad håller du på med" sa Dawit.

- "Ska du också bli som din kusin" sa Naser. Vi brukade dela pengar när vi skulle köpa mat. Vi blev arga för vi inte hade pengar. Jag bad honom att han skulle gå ut från lägenheten, Sedan dess har jag inte sett Naser. En gång träffade jag hans kusin på tåget och han berättade att Naser hade flyttat till Kanada. Naser hade inte upphålltillstånd för att stanna i Sverige. Det var synd att han flyttade från Stockholm. Jag skulle gärna lärt känna honom som vuxen. Jag kom ihåg när han ringde mig första gången och berättade att han kommit till Sverige. Jag blev så glad och tyckte att det var roligt att träffat min barndoms kompis. Det var synd att det blev som det blev.

Vi levde snålt och hade inte så mycket pengar. Jag hade tre tusen kronor per månad. Av de pengarna sparade jag fem hundra kronor per månad i två år för att åka till Etiopien och träffa min familj. Jag köpte kläder varje månad till mina syskon. Då hade Jag bott i Sverige i fem år.

För första gången efter flykten åkte jag till Etiopien 1995. Hela min familj kom till flygplatsen. Jag var så glad när jag såg alla. Det var den lyckligaste dagen i mitt liv. Min mamma och pappa började gråta när de såg mig. På kvällen kom nästan alla mina kusiner, kompisar och grannarna. Hela huset var fullt med folk. Det blev fest på kvällen. Jag var så stolt över att jag åkte dit. Jag fick mycket frågor om Sverige. De flesta trodde att Sverige är ett religiöst land. Innan jag flyttade till Sverige hörde jag att Sverige var ett mycket religiöst land eftersom det fanns många missioner som hjälper människor. När vi bodde i Borås gick vi till kyrkan. Men det var nästan inga människor där. Vi tyckte det var konstigt. Jag delade ut kläderna som jag köpt till mina syskon. Den tiden var det mycket populärt med Nintendo. Detta hade jag köpt till min lillebror Biniam.Binam var 3 år gammal när jag lämnade Ethiopian .Haben födes efter jag har flyt från landet .Hon var 2 år gammal när jag åkte till Ethiopia . Biniam spelade nästan varje dag med sina kompisar. Vi gick ut varje kväll med mina syskon. På den tiden var allt billigt. När man växlade svenska pengar till etiopiska blev det sex gånger så mycket. Jag var stolt över att jag kunde bjuda många människor. Jag kände mig rik. Vi brukade gå ut med mina kompisar på kvällarna för att äta och dricka.

När jag betalade notan blev det bara ca trehundra kronor.

Landet styrdes nu på ett annat sätt. Jag var förvånad över hur annorlunda det hade blivit. Förut var det utegångsförbud efter midnatt. Vi var ute hela natten. Vi gick på fest varannan dag. Pappa hade förändrats mycket. Förut var han mycket sträng, men ändå hade jag mycket respekt för honom.

-"Var försiktig Tadde! jag vill inte det ska hända något med er" brukade pappa säga när vi gick ut. Ibland gick vi till stan på restaurang med min pappa och mamma. Pappa lät mig inte betala. Jag kunde förstå honom för att det kunde uppfattas som bristande respekt om jag betalade. Jag var glad att träffa Sami, Osman, Solomon och Abraham. Jag frågade dem om den eritreanske mannen som vi träffade på cafeterian innan jag flyttade. Men de hade inte hört något om honom. Solomon och Osman satt i fängelse tills den nya regeringen tog makten. De hade tur att det bara tog ett och ett halvt år. De kunde ha fått sitta hela livet. När den nya regeringen tog makten släpptes alla fångar.

Men de hade ingen kontakt med Eyasu sedan jag rymde. Vår trädgård såg tom ut. Alla växer var borta utom vindruvorna. Jag frågade mina syskon vad som hade hänt. De berättade att när min storebror Tedros gifte sig blev den nertrampad. Det var ett stort bröllop. Mer än tusen personer kom. Det stod ett stort tält över hela gården. Jag tyckte det var synd att allt som vi hade kämpat för var borta. Pappa orkade inte, så han asfalterade gården. Livet fortsatte som vanligt. Jag stannade i Addis Abeba i två månader.

Jag hade mycket roligt. När jag skulle åka tillbaka till Sverige mådde jag dåligt.

Konstig nog gick tiden fort. Jag fick separationsångest. Mamma blev ledsen.

- "Måste du åka igen" sa hon och började gråta.

-"Jag lovar mamma att jag kommer tillbaka om sex månader. Du vet att det är lätt att komma hit nu" sa jag. Fast jag viste att det kunde vara svårt att komma tillbaka. Men jag ville bara lugna henne.

Det skulle komma att ta flera år eftersom jag gick i skola. På något sätt var jag ändå glad för att jag själv levde i Sverige. Jag tyckte synd om mina syskon. Mina tre äldre syskon bodde fortfarande hemma.

-"Pappa har förändrats mycket. Han är inte sträng längre" sa jag till min storebror,

-"Nej, han är fortfarande sträng. Han ville bara att du inte skulle bli ledsen" sa Asmerom. De berättade att han kontrollerade dem för mycket. När jag tänker efter nu så hade pappa rätt eftersom vi bodde i ett farligt område. Det fanns många gäng runt omkring. De kallade sig "Bombard". De rånade, dödade och våldtog tjejer på kvällarna.

Jag kom ihåg en gång innan jag flyttade till Sverige då min kusin kom på besök till oss och stannade till klockan nio på kvällen. Jag skulle följa med henne till taxistationen. Det tog tio minuter att gå dit.

Vi såg några ungdomar vid vägkanten. Man såg inte deras ansikte för att det var kolsvart.

– "Stanna" sa en kille och de kom fram till oss. Jag blev arg och rädd. Jag var 15 år gammal. Det kändes pinsamt och hopplöst på något sätt att jag var med en tjej. Om jag varit själv skulle jag inte varit orolig. De började knuffa henne till vägkanten. Mitt hjärta började bulta. Jag visste inte vad jag skulle göra. Jag brukade inte vara rädd när det gällde bråk, men i den här situationen var jag hopplös. Hon började skrika "sluta, sluta". "Jag måste göra någonting" tänkte jag. Plötsligt skrek jag högt.

-"Får jag prata med eran ledare". Det kom en kille fram till mig. Jag förstod inte heller vad jag skulle säga. Jag visste att det alltid var någon i de här grupperna som ville bli kallad ledare.

- "Vill du ha tjejen själv" frågade jag honom. Det var det enda jag kom på.

-" Ja, det vill jag" sa han .

-"Vi kan träffas imorgon nära mataffären vid taxihållplatsen. Jag kommer med henne imorgon kl 8:00" sa jag till honom.

– "Lovar du mig?" sa han ."Ja, självklart" sa jag.

-"Släpp henne" sa han och sprang och hämtade henne. Sen gick vi därifrån. Jag hade tur. De kunde ha våldtagit henne framför mig.

95

- "Vad sa du till dem så att de släppte mig" sa hon och var mycket förvånad.

"Jag ska berätta det för dig sen" sa jag och berättade varför de släppte henne.

-"Va då! ska vi träffa dem?" sa hon. "Är du inte klok" sa jag. Jag berättade för henne hur farliga de var. Som straff hade jag sagt till killen att han skulle komma kl 8:00 på morgonen. När jag gick tillbaka hem var killarna på samma plats och väntade på andra människor. De visste att det var jag som kom.

-"Glöm inte klockan åtta i morgon" sa killen.

"-Hur ska jag glömma det" sa jag till honom. Sedan gick jag hem. Det var säkert så att killen hade kommit nästa dag. Jag slutade gå den vägen efter den dagen. Jag kan tänka mig att han skulle bli förbannad på mig. Jag brydde mig inte om honom utan att jag hade räddat henne. Det skulle blivit riktigt illa för mig om de hade gjort henne illa framför mig. Det var därför att pappa alltid var orolig när vi kom för sent.

Jag och mina bröder hade tillbringat mycket tid tillsammans. Jag ville inte ångra att jag reste till Sverige. De två månaderna gick fort. En dag innan jag skulle åka tillbaka till Sverige ordnade pappa en fest för alla våra släktingar. Alla mina kompisar och granar kom. Jag var både glad och ledsen. Vi festade hela natten. Huset var fullt med folk. Nästa dag, tidigt på morgonen, körde pappa mig till flygplatsen. Den här gången var det svårare att lämna familjen. När jag flydde första gången från Etiopien var det annorlunda.

Då tänkte jag bara på att jag inte skulle åka fast. Klockan nio på morgonen var jag redan på flygplatsen. Jag ville inte prata med någon. Jag sov bara hela resan. Jag blev deprimerad och ledsen. Det var mycket svårare att lämna mina familj den här gången. De två månaderna hade varit helt fantastiska. När jag tänkte att jag skulle bo själv i Sverige fick jag nästan ångest. I Etiopien var jag dygnet runt omgiven av människor. Men jag hade inget annat alternativ. På något sätt var jag ändå tacksam över att jag bodde i Sverige eftersom de flesta av mina kompisar fortfarande bodde med sina föräldrar. Mina äldre syskon bodde också hemma. De kunde inte ens bestämma över sina liv. Jag var glad att jag bestämmer över mitt eget liv. Efter en lång resa landade vi i Sverige klockan elva på kvällen. Gedion väntade på mig på flygplatsen. Vi åkte hem till mig. Gedion ville åka hem till sig sedan han kört mig, men jag bad honom att stanna över natten. När vi kom hem satt Girum och läste tidning. Girum bjöd oss på mat som han hade lagat. Vi pratade om min familj och situation i Etiopien en stund. Sedan sov vi.

När jag vaknade nästa dag kände jag mig deprimerad. Det var stor skillnad på livet här i Sverige. I Etiopien var folk uppe redan klockan sju på morgonen och det var mycket liv ute. Man hörde folk som pratade, barnen som sprang och lekte, hundar som skäller i området. Det spelar ingen roll om folk jobbar eller inte. De, vaknade ändå tidigt på morgonen. När jag sov länge på morgon frågade folk mig om jag var sjuk. Här var det tyst och inte ett ljud på gatan.

Helt skrämmande. Vilken stor skillnad. Det tog nästan en månad innan jag hade återhämtat mig.
Det gick inte en enda dag utan att jag tänkte på min familj och mina vänner. Efter några månader började jag anpassade mig. Jag ville jobba och tjäna pengar för att kunna åka tillbaka hem. Jag började praktisera på en restaurang som heter "Panini". Det gjorde jag i sex månader, men trivdes inte där.

Så jag började läsa på folkhögskola. På den tiden fanns det ingen som kunde ge mig råd. Jag gjorde bara som jag tyckte och lånade pengar för att studera. I vanliga fall kunde jag haft studiebidrag. Problemet var att vi alla som kom var nya i landet. På folkhögskolan läste jag Projekt- Utbetalning.

Jag gick ett år. På slutet skulle vi komma på en projektidé och min var att ordna en konstutställning. En sådan ordnade jag i Rinkeby Folket hus. Det kom många människor och Jag sålde flera tavlor på utställningen. Målat tavlor hade jag gjort sedan jag var barn men hade aldrig gått i konstskola. Sedan min lärare hade sett mina tavlor ville han hjälpa mig så att jag skulle kunna börja på konstskola. Men jag tackade nej av olika anledningar.

Jag började kontakta Tble , Azeb , Arsema , mina vänner från Borås. Mina kontakter blev delade i tre eller fyra grupper. Dawit, Naser, och en andra grupp. Den tredje gruppen var Miteku ,Eskender Fish. Dessa började jag träffa vid olika tillfällen. Jag behåller alltid mina gamla kompisar. Jag är försiktig när det gäller att skaffa nya vänner. Sedan jag hade träffat Dawit blev vi fler och fler. Jag började också lära känna några kompisar från Dawit´s sida.

På så sätt lärde jag känna Yonatan, Tes , Mike, Kebe , Ali ,och Sami . Ali var den roligaste man som jag hade träffat. Han var äldre än oss. Ali hade barn, men vi hade aldrig sett honom med sin familj. Han började träffa oss efter att han såg oss på en bröllopsfest där jag och Dawit spelade musik. Ali hade alltid en ryggsäck på sig. Han sov över hos alla. Man visste inget om Ali . Han berättade aldrig var han bodde.

I ryggsäcken hade han rakapparat, parfym, schampo och några byte kläder. Han blev arg om man frågade honom om ryggsäcken. Alli blev kompis med alla som jag kände. Alla gillade honom. Han var rolig att umgås med. Hans problem var att han skojade med folk som inte fanns på plats. Vi tyckte att han var rolig, men det fanns andra som jagade honom eftersom han hade snackat skit om dem. En gång frågade jag honom om jag kunde övningsköra med honom. Han var villig att hjälp mig. Han brukade köra olika bilar. En gång kom han med en vit Toyota. Jag började övningsköra med honom. En dag körde vi på motorvägen.

-"Va fan! Du kör som en kärring. Kör fortare" sa han.

-"Jag kan inte köra mer än hastigheten tillåter" sa jag . Han ville att jag ska köra 70 km/h på 50-väg. Plötsligt kom en polisbil nära oss.

-"Lugnt! Var inte orolig" sa han. Jag såg på honom att han själv blev orolig. Jag viste att det var något som inte stämde med honom. Polisen började köra bredvid oss i samma hastighet. Ali tände en cigarett och började glo på polisen. Polisen började också titta på Ali.

Jag var lugn och jag visade inte någon rädsla, eftersom jag visste att det kunde bli problem för mig. Sen åkte polisen iväg.

-"Vad händer? Varför var du orolig" frågade jag Ali. Då berättade han att han aldrig hade haft körkort. Jag blev förbannad på honom. Jag hade kämpat för att skaffa körkort och hade lagt mycket pengar på det. Jag litade på honom när han körde olika bilar, men det visade sig att han aldrig haft körkort.

-"Vi åker hem, jag är så hungrig" sa han. Han brydde sig inte ett dugg om händelsen. En gång var jag med Ali i stan när plötsligt en tjej kom springande mot honom.

- "Din djävla idiot!" sa hon och slog Ali hårt i ansiktet. Sedan gick hon därifrån.

-"Vad var det?" frågade jag honom.

-"Hon är kär i mig" sa han och skrattade. Han blev inte alls arg när hon slog honom. Det var något skumt i iallafall.

Ali och Kebe blev kompisar. Kebe är en av mina kusiner. Kebe kom till Sverige före mig. Kebe är också rolig och när han är med oss blir det alltid roligt. Han kan starta ett skämt i gruppen. Sa han bara ett ord så kunde det bli en stor diskussion. Han gjorde det med flit och garvade när alla tjafsade.

På den tiden när jag just kommit till Sverige behövde jag någon. Min mamma skickade Kebes telefonnummer.

Jag hade kontaktat honom flera gånger.

Jag trodde på den tiden att Kebe var äldre. En gång ringde jag honom.

- "Hej Kebe, jag tänkte komma till dig" sa jag.

-"Du kan komma om du vill" sa han. Jag ville inte åka på grund av att han sa "om du vill ". På den tiden var jag mycket känslig. Så jag åkte inte till honom. Efter flera år kom Kebe till Stockholm för att träffa mig. Han hade kontaktat min familj i Etiopien. Första gången Kebe kom till mig var jag med Dawit och några kompisar. Vi var hemma hos mig och drack öl. När han såg oss märkte jag att han blev förvånad.

Vi hade mycket öl på bordet. – "Har ni druckit allt det här? Vad har hänt med ditt ansikte" frågade han mig. Jag fattade varför han blev förvånad. Jag hade ramlat och slagit ansiktet i tunnelbanestationen två veckor tidigare när jag sprang till tåget. Kebe satt med oss hela kvällen. Vi började gilla honom.

Kebe tog alltid upp den där händelsen. Kebe trodde att vi var alkoholister när han såg oss med mycket öl och att jag hade blåmärke i ansiktet. Han brukade överdriva när han berättade för folk. Det var typisk för Kebe. Jag, Dawit och Kebe är kusiner. Vi blev också kompisar. Vi började umgås nästan varje dag.

Kapitel 13

En dag berättade Girum att jag måste hitta en egen lägenhet på grund av att han ville hyra ut den. Jag blev ledsen, men han hade rätt. Den tiden var det svårt att hitta egen lägenhet. Jag hörde att många svenskar från Alby hade flyttat till andra områden. Botkyrkabyggen hade ettårs erbjudande där man kunde hyra tre rum för priset av ett. Så jag åkte till Tumba för att anmäla mig. Jag hade inget jobb och ingen annan inkomst.

Jag tog en nummerlapp och väntade på min tur. Jag gick in på kontoret. Kvinnan som satt där gav mig en blankett, som jag skulle fylla i. På frågeformuläret fanns en fråga om jag hade jobb. Jag skrev "ja" eftersom jag var tvungen att ljuga. Jag visste att hon skulle kolla upp det.

- "Du hade tur. Det är en familj som precis flyttat ut, så du blir nummer ett i kön" sa kvinnan.

- "Wow , Vad roligt" sa jag .

- "Det ligger på Servitutsvägen 5 i Alby. Du kan åka dit och kolla lägenheten och sedan komma tillbaka till mig och berätta om du gillade lägenheten" sa kvinnan. Jag tackade henne och gick därifrån. Jag visste inte var Alby låg. Jag gick runt i Tumba centrum och var orolig att någon skulle se mig där. Efter femton minuter kom jag tillbaka till kvinnan.

- "Vad fort det gick" sa hon och såg förvånad ut.

-"Har du åkt bil" frågade hon.

-"Ja, jag körde fort" sa jag. Jag hade tur att Alby och Tumba ligger nära varandra. Det kan bara vara fyra kilometers avstånd.

– "Hur var det" sa kvinnan. "Va då" sa jag. "Lägenheten" sa hon. Jag hade redan glömt varför jag åkte till Alby.

- "Det var jättefint. Jag gillar lägenheten. Den var perfekt" sa jag.

Jag skrev på kontraktet och fick förstahandslägenhet direkt. Det var min lyckligaste dag sedan jag kom till Sverige. Jag fick information om att jag fick flytta in efter en månad. För Girum berättade jag att jag fått förstahandlägenheten och han blev mycket förvånad. Efter en månad flyttade jag till Alby. Jag köpte möbler och fixade min lägenhet. Jag började trivas där. Mina kompisar började komma ofta till mig. Det kändes skönt att leva ensam. Jag kunde komma och gå när jag ville.

Där lärde jag känna tre svenska killar, som bodde mitt emot mig. De brukade komma in till mig på kvällarna och dricka te. De hade flyttat till Alby för att det var billigt. På den tiden var det många svenska ungdomar som flyttade till Alby i grupp. Sedan flyttade de någon annan stans efter ett år när erbjudandet upphörde.

En dag satt jag hemma och tittade på nyheter. Krig hade börjat mellan Eritrea och Etiopien på grund av en gränskonflikt. Det blev ett stort krig.

Detta ledde till att Eritrea och Etiopien ökade sin militära närvaro i gränsområdet.

Senare under året stegrades konflikten till ett fullskaligt krig på flera fronter med flygattacker långt bakom fronten från båda sidor. Kriget utvecklades till ett skyttegravskrig. I kriget dog ungfär 100 000 soldater. 19 000 eritreanska soldater och ett okänt antal etiopiska. Mer än 500 000 civila i Eritrea blev hemlösa. Efter några veckor meddelade den etiopiske presidenten att alla eritreanska medborgare skulle lämna landet omedelbart. Över sextiotusen människor deporteras från Etiopien. Jag blev ledsen och upprörd när jag hörde detta. Vi var födda och uppvuxna i Etiopien och vi hade alltid känt att Etiopien var vårt land. När de började deportera tillhörde min pappa den första gruppen som lämnade

Etiopien. När pappa utvisades kom flera poliser till vårt hus. De började sparka på dörren och sedan gick de in i huset. Mina syskon satt på gården och solade. Klockan var 9:00 på morgonen. Polisen gick in direkt till pappas sovrum och började dra honom från sängen. Mina bröder började skrika åt poliserna. Pappa varnade mina bröder och sa åt dem att de skulle sluta. De knuffade pappa in i sin bil och körde honom till en förläggning där många eritreaner samlades. Mamma och mina små syskon började gråta. Pappa hade pyjamas på sig när de deporterade honom. Min mamma, mina bröder Asmerom, Luwam , Biniam och min lillasyster Haben deporterades en månad senare. Hadas flydde till Saudiarabien, Solomon till Kenya och Fesum till Ukraina.

Min stora syster Alganeshe stannade kvar i Addis Abeba med sin man och sin son Abel.

Min storebror Tedros bodde i Aseb med sin familj. Aseb ligger i Eritrea. Han hade tur att de inte blev deporterade. Pappa hade det mycket svårt i Eritrea. Han hade bott i Etiopien sedan han var 14 år gammal. När han kom till Eritrea bodde han hos sin syster Gidey. Jag ringde nästan varje dag till pappa. Han mådde mycket dåligt. Efter några veckor flyttade han från sin syster till ett annat hus. Han ville bo själv.

Jag började hjälpa honom med hyra och mat. Han hade inga pengar när han utvisades. Sedan pappa deporterats försökte min mamma ta ut pengar från banken, men de vägrade ge henne några pengar. Mamma sålde våra lastbilar till mycket billigt pris, nästan gratis. Vi hade en personbil på vår gård.

Den började folk vandalisera. Mamma skrev en fullmakt för vårt hus till en granne som bodde mitt mot oss. Annars skulle vi ha förlorat huset. Kvinnan hade bra kontakt med oss. Efter en kort tid var hela familjen borta. Våra två hundar blev kvar i huset. Efter några veckor dog de eftersom ingen tog hand om dem. Granarna hittade hundarna fastkedjade och livlösa.

När jag hörde detta blev jag förkrossad.

Hela familjen träffades i Eritrea efter en månad. Tidigare hade pappa haft mycket pengar. Plötsligt förlorade han allt. Han kunde inte acceptera situationen. Han var arg och ledsen. Han kunde inte släppa vad som hade hänt med hans familj. De flesta eritreaner som bodde i Etiopien var rika. Många eritreanska män blev deprimerade och många av dem blev sjuka.

Min Lille Bror Luwam i kriget

Min store bror Asmerom

Min storebror Asmerom och min lillebror Luwam skickades direkt till fronten för att kriga. Pappa, mamma och de yngre barnen flyttade från huvudstaden till Mendefera. Det ligger 50 km från Asmara. Det blev svårt för dem att klara ekonomin. Då lovade jag att hjälpa dem med hyra och mat. Mamma sålde en lastbil och gav pengarna till mina tre syskon för att de skulle kunna rymma från Etiopien.

Tiden gick och jag gick på Komvux för att komplettera mina betyg. Min plan var att bli socionom. Jag hade inte heller så mycket pengar och fick klara mig på studiebidrag från CSN. Jag ringde min kusin Dawit och berättade mina problem.

-"Om du vill hjälpa din familj måste du jobba" sa Dawit. Han själv jobbade inom äldreomsorgen.

-"Jag vill inte jobba med äldre" sa jag.

-" Om du inte jobbar så kan du inte hjälpa dem". Det var sant. Jag förstod att jag måste jobba för att kunna hjälpa dem. Jag avbröt mina studier och började där Dawit jobbade. Det var en utmaning att jobba med äldre. Men efter några månader började jag gilla jobbet. Det var ett mänskligt jobb att arbeta med äldre. Att jobba inom äldreomsorgen var till stor hjälp när jag skulle etablera mig i det svenska samhället. Jag lärde mig svensk kultur, att utveckla det svenska språket, om mat, ordspråk, högtider m.m. Jag är tacksam över att ha jobbat inom äldreomsorgen, eftersom det gav mig erfarenhet och framför allt en bra grund inom vården, när jag sedan började inom Psykiatrin. Jag hade alltid önskat jobba med människor och då passade det här jobbet för mig.

Jag jobbade dygnet runt. Då började jag känna mycket pengar.

På så sätt kunde jag skicka pengar till min pappa varje månad. Själv var jag mycket stolt över att kunna hjälpa honom. Min lillasyster

träffade en kille från Saudiarabien som bosatt sig i Sverige. De gifte sig. Sedan kom hon till Sverige. Jag var sa glad att hon kom hit. Efter ett år började hon jobbar på en chokladfabrik.

För första gången åkte jag till Eritrea. Året var 1999. Pappa hämtade mig med bil från flygplatsen. Då hade han börjat jobba som chaufför på den italienska ambassaden. Jag blev faktiskt ledsen att han jobbade som anställd. I Etiopien hade han själv anställda. När jag såg honom första gången hade han gått ner i vikt och såg äldre ut. Jag tyckte synd om honom. Pappa var en stilig man. Han hade ofta fina kavajer, vita skjortor och fina italiensk läderskor. Men när jag såg honom i Eritrea var han annorlunda. Mamma var densamma. Hon hade inte förändrats så mycket.

Det var min första resa till Eritrea och jag var så glad att kunna besöka mitt hemland. På varje gata fanns Eritreas flagga. Jag var mycket stolt att vi fått ett eget land. Det var en mycket märkligt känsla. Mina föräldrar hade det mycket jobbigt i Eritrea. De som deporterats från Etiopien var inte speciellt populära. Folk betraktade dem som immigranter. Mina föräldrar flyttade från hus till hus flera gånger. I Eritrea stannade jag i två månader och under den tiden flyttade de två gånger.

När jag såg problemet lovade jag pappa att jag skulle hjälpa honom att bygga ett eget hus i Mendefera. Som tur var fick pappa gratis mark i Mendefera. Regeringen ville hjälpa alla som deporterats att få gratis mark som en välkomstgåva. Jag, pappa och min lillebror Biniam gick och tittade på marken som vi fått av regeringen. Jag lämnade alla de pengar jag hade med mig till min pappa eftersom staten hade informerat om att alla som fått mark måste börja bygga så fort som möjligt. Annars skulle man förlora marken. Vi började bygga grunden innan jag åkte till Sverige. Efter två månader i Eritrea kom jag tillbaka till Sverige. Jag började jobba nästan dygnet runt. Efter ett år var huset klart.

Jag och min syster hjälpte min bror Solomon att resa från Sydafrika till USA liksom min lillebror Fesum från Ukraina till Tyskland. Allt gick bra och som vi planerat. När Fesum kom till Tyskland åkte jag direkt dit för att träffa honom. Jag stannade i en vecka hos honom. I Tyskland träffade jag min barndoms kompis Elsa. Vi hade roligt tillsammans. Sedan återvände jag till Sverige och livet fortsatte som vanligt.

En dag blev jag och min syster bjudna till min mosters dotter på lunch. Det var många släktingar som var bjudna. Jag såg några släktingar som viskade till varandra. Min syster och jag tyckte att det var något konstigt på gång. Plötsligt krävde min mosters dotter att alla skulle vara tysta. Hon kom fram till mig och berättade att min storebror Asmerom hade dött. Jag fattade inte vad hon menade. Jag trodde att hon frågade mig hur han mådde.

-"Han mår bra!" sa jag.

Plötsligt började min syster gråta. Jag blev helt stum och chockad. Då fattade jag att min bror Asmerom hade dött och jag började gråta högt. Jag försökte

springa ut från lägenheten, men alla hoppade på mig och brottade ner mig. Det kändes som mitt liv hade stannat. Mitt hjärta gick sönder. Det kändes som om det var en dröm. Jag försökte lugna mig. Jag kunde inte gråta som jag ville, eftersom jag inte var hemma hos mig själv. Jag undrade varför de berättade detta för oss här. Jag hade ju min egen lägenhet.

-" Ni måste köra mig hem!" sa jag . Sedan körde de hem till oss. Nästa dag kom det folk hela dagen. Om någon i vår kultur mister en anhörig kommer alla man känner för att visa medkänsla med den människan. Det kommer även människor som inte känner personen. Mina kompisar ordnade en stor lokal eftersom det blev mycket folk. Vi stannade tre dagar i lokalen.

Efter tre dagar åkte jag till Eritrea. När jag landade på flygplatsen var det min kusin som hämtade mig. Jag var så nervös att träffa mina föräldrar. När jag kom närmare deras hem såg jag ett stort tält på gatan nära hos oss. Det var många människor som väntade på mig. Min mamma var förkrossad. Hon älskade Asmerom mer än alla. Han var hennes första barn. När jag såg henne blev jag så ledsen. Hon hade tappat rösten och kunde inte prata. Pappa kom fram till mig och kramade mig hårt.

-"Vad du är lik honom" sa pappa. Jag liknade Asmerom när jag inte rakade skägget. Så klart att jag liknar honom eftersom de saknade honom. Jag började gråta när jag såg dem. Jag hade

gråtit i tre dagar och var så utmattad. Jag började lugna mamma. Jag måste visa dem att jag var stark eftersom jag gråter. Då kan de inte sluta gråta, speciellt inte min mamma. Min strategi funkade. Jag började prata normalt. Om hon viste hur mycket mitt hjärta hade gått sönder. Sedan började vi prata normalt. Min mamma var så ledsen eftersom Asmerom inte hade några barn. Hon ville alltid ha barnbarn.

– "Jag hoppas att du kommer skaffa barn. Jag vill inte att du ska dö också" sa mamma. Hon var sa orolig att vi inte skulle få barn. Jag lovade mamma att jag kommer skaffa barn när jag återvänder till Sverige. Det var svårt att förlora sitt eget barn. Föräldrar ska inte begrava sina barn.

Jag brukar läsa tidningar när jag åker till jobbet. Där fanns 20 frågor som tidningen brukade ställa till olika kändisar. Alla gav olika svar. Men det fanns en fråga som alla kändisar svarade lika på. Frågan var så här "Vad är det värsta som kan hända i en människans liv?". Svaret var "När någon förlorar sitt eget barn".

Nästa dag åkte jag till militärförläggningen där min lillebror Luwam var. Jag träffade en general och bad honom att Luwam skulle få vara ledig i en månad. Jag berättade för generalen att vår bror hade dött. Luwam fick en månads permission. Han fick veta om Asmerom när han kom hem. Det var sorgligt att se Luwam när vi berättade för honom.

Han stannade med oss i en månad. Jag var så glad att jag träffade honom. Han var med mig hela månaden. Han hade blivit vuxen. Luwam var en snygg kille. Det var många tjejer som var intresserad av honom. Han var också snäll och omtänksam. Vi hade mycket roligt tillsammans. Tre dagar innan jag åkte till Sverige åkte han tillbaka till fronten. Luwam var min favoritbror. Sedan han var 5 år gammal sov han med mig. När han var liten brukade han sova med mina två systrar. "Sover du med tjejer" brukade jag säga till honom för att jag ville att han skulle sova med mig. Sen dess sov han med mig tills jag lämnade landet. Jag har inte ord för att beskriva hur mycket jag älskade honom. När han åkte till fronten stannade jag i militär kampen i tre dagar. När jag åkt tillbaka till Sverige skrev han brev till mig och berättade att han mådde bra. Det var hans sista brev. Jag skrev flera gånger men han skrev aldrig tillbaka.

Min mamma berättade att pappa var mycket ledsen. Han var ofta arg och ledsen. Han grubblade över allt som hade hänt med familjen. Han ville inte acceptera det som hade hänt honom.

En dag var jag hos Dawit. Dit kom två tjejer som heter Senait och Saba. Jag började prata med dem. Jag och Saba blev tillsammans och flyttade i hop. Efter några månader blev hon gravid. Jag ringde min mamma och berättade att jag snart kommer bli pappa.

-"Ska du skaffa barn utan att du gifter dig?" sa mamma.

– "Men du sa till mig att du ville ha barnbarn".

Hermona 3 dagar Gammal

Hon vågade inte berätta för pappa. Jag vågade inte heller berätta för honom. I stället skrev jag ett brev. I vår kultur är det tabu att skaffa barn utan att man gifter sig. Den 29 maj 2002 föddes min dotter Hermona. Det var min lyckligaste dag. Hermona föddes på Uppsala sjukhus. Där stannade vi i tre dagar. Jag larmade flera gånger när Hermona nyste. Så orolig var jag att det skulle hända någonting med henne. Sjuksköterskorna skrattade åt mig. De förklarade att hon fick fostervatten i näsan när hon kom ut. Jag hissade upp min säng högt upp och tittade ner på henne hela natten. Saba var trött och sov hela natten. Efter tre dagar på sjukhuset åkte vi hem. Vi åkte till sjukhuset igen efter tre dagar på återbesök. Det var i början av juni. Läkaren blev förvånad över att Hermona hade så mycket kläder på sig. Läkaren varnade oss att det kunde vara farligt för henne att bli för varm.. Saba var ung och jag hade ingen erfarenhet av barn. Vi trodde att det skulle bli kallt för henne. När vi gick ut från sjukhuset hade jag burit henne. När vi väntade på taxi kom några människor och gratulerade oss och de tyckte att hon var gullig. Mitt liv förändrades på en gång och hon blev min räddare. Det hade hänt mycket i mitt liv på kort tid. Min familj utvisades från Etiopien, mina syskon flydde till olika länder, vi förlorade allt vi ägde och min storebror dog m.m. Efter allt det här föddes min dotter. Jag bestämde mig att jag skulle tänka bara på henne. Fem dagar efter det min dotter föddes åkte jag till Mora för att ta körkort. Jag stannade en vecka i Mora. Så lyckades jag skaffa körkortet. Jag var så glad att ha skaffat körkort. Efter en månad började jag läsa omvårdnadsprogrammet och efter ett år blev jag undersköterska.

Jag tyckte att det var viktigt att ha en utbildning när man ändå jobbar med människor. Jag skickade en inbjudan till min pappa för att han skulle komma på besök till Sverige.Jag tyckte att det skulle vara bra för honom med lite omväxling. När Hermona var ett år kom han till Sverige. Jag hämtade honom på flygplatsen. Hermona var med mig dit.

Pappa blev glad när han såg henne. Det var många släktingar och vänner som väntade på honom där hemma hos oss. Min lillebror Fesum kom också från Tyskland. Jag var stolt över att allt gick bra. Pappa blev bjuden till många personer. Han var mycket upptagen i nästan tre veckor. Pappa tyckte att Sverige var ett lugnt och fint land. Vi brukade åka bil runt hela Stockholm. Kebe och Dawit kom ofta till oss. Vi hade roligt tillsammans. En dag åkte Fesum, pappa, Hadas och andra släktingar på kryssning till Finland. Jag kunde inte åka den dagen eftersom jag jobbade. De var borta i 24 timmar.

De kom hem på kvällen. Pappa berättade att de hade haft mycket roligt på båten. Vi åt middag vid klockan sju på kvällen. Pappa lämnade matbordet och gick ut på balkongen och stannade länge där. Jag gick flera gånger och frågade honom om allt var bra. Jag såg att det var något konstigt. Han började andas tungt. Jag satt bredvid honom och försökte prata med honom. Han började glida ner från stolen.

- "Fesum kom! Kom!" ropade och skrek jag åt alla. De kom till balkongen. Jag sprang in i lägenheten och ringde till 112. Tills ambulansen kom kontrollerad jag pappas puls. Efter 15 minuter kom ambulansen. Sedan åkte vi till Huddinge sjukhus. Pappa hade haft problem med hjärtat tidigare.

Sedan vi var barn hade han tagit hjärtmedicin. När vi kom till sjukhuset frågade läkaren om pappa hade haft någon sjukdom tidigare. Jag berättade att han hade problem med hjärtat. Han fick syrgas dirckt. Läkaren informerade mig om att pappa inte hade några problem med hjärtat. Han hade däremot problem med njurarna. Hans lunga var fylld med vatten så att pappa inte kunde andas normalt. De frågade mig flera gånger om han hade någon försäkring i Sverige. Jag viste inte att man behövde en sådan. Läkaren informerade mig om att det skulle kosta mig tio tusen kronor per dag för behandling. Pappa ville veta vad de sa. Jag ville inte att han skulle höra om pengarna. Han märkte att något inte stämde.

-"Fråga inte mera om pengar så han hör det. Jag ska betala själv" sa jag. Efter en stund kom en sjuksköterska med en blankett och frågade om jag kunde skriva under att jag skulle betala. Jag brydde inte om pengar. Jag ville bara att de skulle rädda min pappa. Han låg på sjukhuset i tio dagar. Han blev mycket bättre. Tidigare hade pappa svårt att andas. Läkaren berättade att pappa inte hade några problem med hjärtat. Men på grund av hjärtmedicinen, som han hade tagit i många år, hade hans njurar blivit förstörda. Innan pappa skrevs ut från sjukhuset ville läkaren prata med oss i enrum.

-"Du ska översätta för din pappa vad jag kommer säga till dig" sa läkaren. "Det här är inte lätt för dig och för din pappa" sa hon. Hon blev tyst en stund. "Du vet att din pappa i flera år har tagit en hjärtmedicin som vi inte känner till. Vi kunde inte hittade den i medicinkatalogen FASS. Din pappas njurar fungerar nästan inte.

Han kommer inte leva länge. "Max sex månader kan han leva" sa hon. Det kändes som om någon sparkade mig hårt i magen. Det rann tårar från mina ögon. Pappa såg mig när jag torkade tårarna. Jag ville inte berätta för honom om det hemska meddelandet.

-" Vad sa hon" sa pappa.

"Nej, de ville bara veta vem som skulle betala pengarna" sa jag. Men jag berättade för honom att hans njurar var dåliga. Jag vågade inte berätta för pappa att han bara hade sex månader kvar att leva.

-"Jag ska ge dig ett bra råd" sa läkaren. "Det är bäst att han åker tillbaka till sitt hemland omedelbart. Om det händer honom något kommer det bli problem för dig eftersom han har inte har någon livförsäkring", sa hon. Pappa fick fel diagnos i Etiopien och fel medicin i flera år. Det var svårt att höra sådant om sin pappa som kommit på besök. Samma dag skrevs han ut från sjukhuset. Efter två veckor kom första räkningen från sjukhuset. Den var på ca 100,000 kronor. Jag blev chockad fast de redan hade informerat mig om att jag skulle betala. Jag hade till och med skrivit under. Ändå blev jag förvånad. Sedan kom det flera brev från Kronofogden. Jag ringde till Kronofogden och meddelade att jag ville betala på avbetalning. Folk kom till oss nästan varje dag för att besöka min pappa. Jag bodde med Saba i Jakobsberg. Hermona var ett år gammal. Jag jobbade heltid. Efter jobbet åkte jag till Jakobsberg för att hämta Hermona och sedan till pappa på kvällarna. Jag brukade stanna till midnatt hos pappa. Mitt liv började krångla. Pappa behövde mycket medicin.

Om man inte har uppehållstillstånd i Sverige kostar medicinen 10 gånger så mycket. Jag och Saba började bråka mycket på grund av att Jag var ofta borta hemifrån. Det höll på att bli för mycket för mig.

En dag satt jag hemma i Jakobsberg och tittade på TV. Då ringde en kompis och sa: "Du måste åka till Alby så fort som möjligt. Din pappa har svårt att andas". Jag sprang direkt till parkeringen och startade bilen. Sedan körde jag som en galning. Jag blinkade med helljuset och körde i över 160 km/h. Alla höll till höger. Jag började fundera. "Hur visste min kompis om att min pappa mådde dåligt", tänkte jag. Vanligtvis brukade det ta 40 minuter från Jakobsberg till Alby. Nu tog det bara 20 minuter. Jag blev rädd när jag öppnade porten och sprang uppför trappan. Ville inte vänta på hissen. Jag hörde flera människor som grät. Jag sprang in i lägenheten. Där var det över femton personer. "Pappa, min pappa " sa jag och började gråta. Jag var chockad och började skaka. Mina kompisar lugnade ner mig. Sedan satte jag mig på en stol. Efter en stund såg jag min pappa framför mig. "Vad händer, pappa? Jag trodde att det hade hänt något med dig". Pappa hade gråtit så mycket att han inte orkade svara på min fråga.

-" Kan ni berätta vad det är som har hänt?" skrek jag. Jag skrek högt tills alla hörde mig.

- "Det är din lillebror Luwam som har dött sa pappa och började gråta mer. Jag blev galen. Jag skrek och skrek. "Nej! Inte min Luwam!" Jag var så ledsen. Det kändes som mitt liv hade stannat. Jag kastade mig på golvet.

Kapitel 14

Mina kompisar höll hårt om mig. Efter några timmar lugnade jag mig. Nu fattade jag varför min kompis sa att min pappa inte kunde andas. Han ville att jag skulle komma till Alby för att de ville berätta om Luwam. Men det kunde ha gått illa när jag körde i över 160 km/h. Jag hade tur att det inte hände något.

. Luwam levde när kriget var över. Vi började utreda hur han dog och fick veta att min lillebror blev påkörd av en bil. I flera år var jag ledsen. Jag hade en svart keps på mig i flera år. Jag hade lovat mig själv att inte ta av den för att hedra mina bröder. Varje gång jag gick ut med mina kompisar bröt jag ihop och grät ofta.

- "Om du gråter varje gång vi går ut eller om du inte tar av din svarta keps så vill jag inte gå ut med dig mer" sa Kebe. Jag började tänka på vad Kebe sa. Jag tyckte det var jobbigt att det var så många problem på samma gång. Mina två bröder dog, min pappa hade sex månader kvar att leva och mitt förhållande höll på att rasa ihop. Jag tänkte på ett ordspråk på mitt språk "sorgen kan föda sorg". Då bestämde jag mig att inte vara ledsen mer. "Jag måste leva för min dotters skull", tänkte jag. Men när jag tänkte på att min pappa att han bara hade sex månader kvar att leva fick jag panik. Jag började be till Gud att läkarna skulle ha fel. Jag tackade Gud att han gav mig min dotter. Jag bestämde mig för att leva för hennes skull. Jag hade gjort allt jag kunde för min pappa. Om han dog skulle jag inte ångra någonting.

Jag hade alltid respekterat honom och hade alltid varit tacksam för honom. Han hade uppfostrat mig väl och lärt mig om livet. Han lärde mig ärlighet, kärlek och respekt för människor. Han var min idol. Jag bestämde mig att om det hände något med min pappa

skulle jag acceptera situationen. Men för mina bröder hade jag inte gjort något. Det var därför jag alltid hade skuldkänslor gentemot dem. Vi människor måste hjälpa varandra här i livet. Pappa började må bättre och fick mycket hjälp från sjukhuset. Han fick vätskedrivande tabletter och började andas mycket bättre. Vi glömde bort vad läkaren sagt. Pappa visste inte heller att han bara hade sex månader kvar att leva.

Jag blev ledsen när jag tänkte på att han skulle komma att dö inom sex månader. Jag gömde mig ofta på toaletten och grät mycket. Jag blev förkrossad när han ibland berättade för människor om sin plan när han skulle återvända till Eritrea. Det var sorgligt att höra. Ibland kändes det som jag grät konstant inombords. Pappa stannade i Sverige i tre månader.

Sedan återvände han till Eritrea. Jag blev så ledsen när han åkte och Jag ringde honom nästan varje dag. Jag påminde honom ofta om att han inte skulle glömma sina tabletter. En dag berättade min mamma att pappa inte ville ta sin medicin längre. Folk som kom på besök varnade honom att för att medicinen kunde vara farlig. Tyvärr händer det ofta att människor i vårt land tror att medicin kan vara farlig för kroppen. Mitt förhållande till Saba blev sämre och sämre.

Vi bestämde oss för att separera för vår dotters skull.

Jag började träffade Hermona varannan helg men hade skuldkänslor när jag lämnade henne. Hermona var alltid med mig vart jag än åkte. När jag och hon åkte någonstans och

träffade folk lät Hermona aldrig någon annan krama mig. Hon tittade på dem rakt upp och sa "Det är MIN pappa!". Mina kompisar brukade skoja med henne. De tyckte att det var gulligt. I början var det väldigt svårt att sova utan henne. Jag brukade hämta henne när jag saknade henne. Jag har alltid filmat Hermona sedan hon föddes. Vi var ofta på McDonalds och på olika lekplatser. Hermona var alltid en mycket glad flicka med mycket temperament och energi. Jag var alltid glad när jag var med henne. Tack vare Hermona hade jag klarat allt elände. Det gick inte en enda dag när hon var hos sin mamma utan att jag ringde till henne. Dagarna gick och blev till månader. Min pappa blev allt sämre och sämre. En dag kunde han inte äta mat längre. När jag åkte till honom köpte jag med mig mycket näringsdryck och vitaminer. Jag kommer ihåg att det var vintertid. Jag var så förvånad över att pappa hade magrat så mycket. Jag började ta hand om honom varje dag. Efter några dagar då han drack näringsdrycken blev han piggare. Han började gå ut igen. Jag var så glad att han blev bättre. I Eritrea stannade jag i över en månad. Efter två veckor blev han sämre igen. Jag tappade hoppet att han skulle klara sig. Efter två månader fick jag ett telefonsamtal från min mamma. Hon sa att jag måste komma till Eritrea så fort som möjligt för att jag måste säga farväl till pappa. Jag åkte igen tillsammans med min syster och vi stannade tre veckor. Men pappa blev bättre igen som vanligt. Det kostade mig mycket flera gånger åka till Eritrea.

Då började jag jobba mycket och levde nästan 6 månader ensam. Jag hämtade Hermona varannan helg och vi hade jätte roligt tillsammans. Jag började bli van med detta. Jag började umgås med Dawit och Kebe. Dawit och Kebe gifte sig. Yonatan fick en son och Tesfalem gifte sig i Eritrea. Gedion blev pappa och fick en son. Nästa alla mina kompisar blev pappor.

En dag åkte jag till Tensta Centrum för att träffa en vän som heter Mehari. Han hade en resebyrå där. Vi satt och drack te och pratade då det plötsligt kom en tjej och hälsade på min vän. Hon var mörkbrun och ganska smal. Hon hade mycket vackra tänder och ett fint leende. Hon var ganska ung och livlig. Senare såg jag henne igen ute när hon hälsade på en annan kompis till mig som heter "Black". Jag gick till Black och frågade honom om den mörkbruna tjejen. Han berättade att hon heter Afomuia och bor i Rinkeby.

- "Kan du säga till henne att hon kan åka med oss till Rinkeby" frågade jag Black. Men Afomuia ville inte åka med oss. Black berättade att Afomuias kusin hade en eritreansk kosmetikaffär här i Tensta och ofta kom dit. Sedan åkte jag till Alby. Jag började tänka på henne varje dag. Det kändes konstigt att jag kände mig kär i henne på en gång. Efter några veckor såg jag Afomuia på T-centralen när hon väntade på tåget. Hon såg annorlunda ut. Jag gick fram till henne och hälsade.

-"Hej Afomuia" sa jag som om jag kände henne tidigare. Hon blev förvånad när jag nämnde hennes namn. Hon kände inte igen mig.

Kapitel 15

- "Kommer du i håg att vi sågs hos Mehari i Tensta"?

-"Nej, det kommer jag inte ihåg" sa hon .

- "Kommer du ihåg att du pratade med en kille som heter Black?" frågade jag henne igen.

-" Ja, jag kommer i håg att jag har pratat med Black, men jag kommer inte ihåg att jag såg dig" svarade hon. Jag blev besviken över att hon inte kände igen mig. Det blev lite pinsamt och sedan blev det tyst en stund.

- "Förresten, vad heter du?" frågade Afomuia. Vilken tur att hon frågade. Jag var nästan på väg att gå.

- "Jag heter Tadesse. Jag vet att du heter Afomuia", svarade jag.

- "Jag känner en tjej som heter Afomuia. Hon är min kompis fru och ditt namn är mitt favoritnamn".

- "Är hon vacker?" frågade hon och började skratta. Afomuias skönhet kommer fram när hon skrattar. Jag blev kär i henne ännu mer när hon skrattade.

- "Tadde, vet du någon som hyr ut en lägenhet? Just nu bor jag med mina kusiner och vill prova bo själv.

Om du hittar någon som kan hyra ut en lägenhet, snälla ring mig", sa Afomuia. Jag skrev ner hennes mobilnummer och gick därifrån. Jag ville ringa henne direkt men jag vågade inte. Jag ville inte att hon skulle tro att jag var desperat. Men jag klarade inte av att vänta. Jag tog fram min mobil och ringde henne. Mitt hjärta började bulta. Jag visste inte heller vad jag skull säga om hon svarade. När jag ringde var mobilen avstängd. Jag blev besviken på henne. Jag ringde flera gånger om och om igen men hennes telefon var fortfarande avstängd. "Hon kanske jobbar", tänkte jag. Jag väntade tills hon slutade jobba. Jag blev nästan deprimerad. När jag slutade på jobbet ringde jag igen, men telefon var fortfarande avstängd. "Hon gav mig fel nummer", tänkte jag.

Dagen därpå började min semester. Jag visste vilken tid hon brukade ta tåget. Det var tåget 6:20 på morgonen mot Södertälje. Hon hade berättat att hon jobbade i Flemingsberg. Den tiden jobbade jag i Stuvsta och brukade jag ta bussen från Skärholmen. När jag träffade henne första gången på T-centralen var det något problem med bussarna i Skärholmen så jag åkte till T-centralen och tog tåget mot Stuvsta. Jag ringde flera dagar, men sedan gav jag upp. Efter två veckor var min semester slut och jag började jobba igen. Jag vågade egentligen inte åka till T-centralen förrän det hade gått en tid. Jag tog ett tidigt tåg till T-centralen. När jag kom fram var det ingen där. Efter en stund började folk komma, men inte Afomuia. Tåget skulle komma om 2 minuter. Jag tappade hoppet. Sedan såg jag Afomuia som sprang mot tåget. Jag började vinka till henne. Hon verkade inte bry sig om det. Jag skämdes.

- "Hej Afom!"

- "Är det du, Tadde? jag kände inte igen dig" sa Afomuia.

- "Vad hände, du ringde aldrig?" sa hon.

- "Jo, jag ringde hela veckan. Jag trodde att du hade gett mig fel nummer" svarade jag.

- "Det var du som skrev av från min mobil", sa hon. Hon hade rätt att det var jag som skrev nummet.

- "Jag var så arg. jag trodde att du gav mig fel nummer" sa jag.

- "Nej, jag skulle aldrig göra så mot dig", svarade hon.

- "Du ser annorlunda ut, jag kände inte igen dig" fortsatte hon. Om hon bara visste hur mycket jag hade förberett mig och hade saknat henne. Men jag ville inte avslöja mig.

-"Jag var orolig faktiskt, att du inte ringde", sa hon. Jag berättade att jag hade ringt henne men att telefon var avstängd. Vi satt nära varandra och kollade om telefonnumret var rätt. Felet var att jag hade skrivit en siffra för mycket. Hon hade faktiskt rätt att det var mitt fel. "Nästa Stuvsta " sa tågföraren. Jag hade inte tänkt på att jag skulle stiga av. Jag önskade att tåget inte skulle stanna på hela dagen.

-"Nu måste jag gå av" ,sa jag och klev av tåget. Jag ringde henne direkt. Jag ville inte missa chansen.

- "Hej Afom, jag ville bara kolla om din mobil funkar" sa jag.

-" Tadde, kan du ringa mig kväll? jag kan inte prata just nu."

- "Okej, vi hörs sen" sa jag och lade på luren. Jag ringde henne på kvällen, och hon svarade. Vi pratade i nästan 2 timmar. Jag berättade allt om min historia. Jag brukar vara ärlig och berättade att jag har en dotter som heter Hermona som är två år gammal. Jag var lite rädd för hur Affi skulle reagera.

- "Vad roligt: Bor hon med dig?" frågade hon. Hon berättade att hon älskar barn.

-" Kan jag få träffa henne någon gång?" fortsatte Affi .

- "Självklart" svarade jag.

Vi började ringa varandra flera gånger om dagen.

Jag ringde till min kompis Gedion och berättade om Affi.

- "Är det inte lite tidigt? Tadde" sa han. Gedion menade att det var nyligen som jag separerads med Hermonas mamma.

- "Jag bryr mig inte om att det är tidigt" sa jag. Jag och Gedion pratar alltid om det hänt något nytt i våra liv. "Kör om du vill!" sa Gedeion. Jag och Affi ringde varandra nästan varje dag. Det blev svårt att träffa henne eftersom hon jobbade mycket. På dagarna var hon i Flemingsberg och på kvällarna på en restaurang i Vaxholm. Hon jobbade varje dag.

Jag har aldrig träffat en tjej som jobbar så mycket. Två gånger i veckan jobbade hon även i Globen.

-"Varför jobbar du så mycket?" frågade jag henne .

-"Jag hjälper min familj i Eritrea. Jag har lovat min pappa att jag skulle köpa en lastbil till honom, för då skulle han slippa jobba hos någon annan." Hennes pappa var anställd hos en firma som lastbilschaufför. Jag tyckte det var en fin tanke. Jag gillade henne ännu mer när hon berättade om sin pappa. Det var enkelt att bedöma henne och hur hon var som människa när hon berättade om sin pappa. En dag ringde jag henne och frågade om vi kunde fika. Då var hon i Globen.

- "Vi kan bara fika i en halvtimme eftersom jag måste till Vaxholm" sa hon. Vi bestämde oss för att träffas på en pizzeria i Globen. Jag körde dit i min röda Mazda. Jag var så nervös över att träffa henne.

- "Det vad roligt att du kunde träffa mig" sa jag.

- "Detsamma", svarade hon. Vi beställde en pizza och satt en halvtimme.

- "Tadde, jag måste gå nu."

- "Du hinner, du har tid" sa jag. Hon blev förvånad över att jag sa det. Jag hade planerat att köra henne till Vaxholm.

- "Jag ska köra dig till Vaxholm" sa jag.

- "Va! Skojar du? Har du bil?" frågade hon.

Hon verkade vara förvånad över att jag hade bil. Hon trodde att jag var en nykomling i Sverige när hon såg mig första gången i Tensta med "Blak" för att Blak var nykomling. Afomuia hade bott två år i Sverige. Hon trodde mig inte när Jag berättade att jag hade bott i Sverige i 14 år.

- "Va! 14 år?" utbrast hon förvånad.

Jag började skjutsa Afomuia till hennes jobb i Vaxholm. När hon reste kommunalt tog det nästan två timmar. Vi sparade en timme för att umgås. Hon blev så glad över att jag ansträngde mig.

- "Ärligt talat. Om jag hade vetat att du hade bott i Sverige i 14 år skulle jag inte umgåtts med dig" sa hon.

- "Varför?" frågade jag.

-"De som har bott i Sverige i många år brukar oftast utnyttja tjejer som är nya. Det är därför jag inte vill umgås med dem. De överdriver just för att de har bott här länge", fortsatte hon. "Men du är inte som dem" sa hon. Vi satt över en timme på pizzerian. Sedan körde jag henne till Vaxholm. Oftast gick vi ut för att äta när jag var ledig. En dag frågade Affi om hon kunde få träffa Hermona. Jag, Hermona och Affi träffades på McDonalds. Hermona var två år gammal. Vi hade väldigt roligt tillsammans och Affi gillade Hermona. En dag frågade Affi om hon kunde börja jobba på mitt jobb eftersom hon inte orkade resa så långt som till Vaxholm. Vi möttes i Stuvsta centrum och gick till mitt jobb. Jag hade pratat med min chef tidigare.

Vi gick in på kontoret och min chef sa att hon ville anställa Affi.

-"Jag ska åka på semester till USA i två veckor och när jag kommer tillbaka kan vi prata" sa min chef. Affi var så glad över att hon skulle jobba tillsammans med mig. Efteråt följde jag henne till tågstationen. "Om hon börjar jobba med mig kommer hon att bli min arbetskamrat. Då är det kört för mig" tänkte jag. När vi gick till stationen tog jag hennes hand. Hon hade lång klänning med slits upp till det ena knät och vinröda klackskor. Den ena halvan av hennes hår var flätat och den andra var utsläppt. Hon var så vacker. När tåget kom och hon skulle ge mig en kram överraskade jag henne med en kyss på munnen. Hon blev nervös och började se sig omkring ifall någon hade sett oss.

- "Tänk om folk ser oss "sa hon generat.

- "Varför tänker du på folk" frågade jag. Jag ville inte visa henne att jag också var nervös.

- "Så klart jag tänker på folk. Det tillhör inte vår kultur att kyssas på gatan" sa hon. Hon var annorlunda än andra tjejer som jag hade träffat tidigare. Tåget kom och hon åkte iväg. Jag blev förbannad på mig själv. "Nu är det kört" tänkte jag. Jag var sa orolig att hon inte skulle kontakta mig mer. Jag skämdes så mycket. När jag var på väg till jobbet ringde hon.

- "Hej Affi! Det var roligt att du ringde".

- "Vad menar du?" frågade hon.

-"Jag trodde att du var arg på mig för att jag kysste dig" sa jag.

"Nej ,Tadde. Jag var inte arg, tvärtom", sa hon.

Jag och Affi blev tillsammans från den dagen. Vi bestämde att inte jobbar tillsamans på mitt jobb. På kvällen ringde hon mig för att säga att hon hade berättat för sin kusins fru att vi blivit tillsammans. Jag var så stolt över att vi blev tillsammans. Från den dagen träffades vi nästan varje dag. Efter två månader kom Afomuia hem till mig i Alby.

En dag ringde hon och var väldigt ledsen och upprörd. Hon berättade att hennes kusin var arg på henne för att att jag hade barn. Han varnade henne att hon inte skulle få träffa mig igen. Jag viste inte vad jag skulle säga till henne. Hon började bråka med hela sin släkt. De började ta reda på saker om mig och vad jag hade för bakgrund. Jag ringde Mehari som hade resebyrå i Tensta och frågade hur Affis släktingar var. Han berättade att de stod mycket nära varandra och att de var måna varandra.

- "Jag orkar inte tjafsa med dem och jag tänker göra slut med henne" sa jag till Mehari.

- "Tadde, är du dum! Hon är en mycket bra tjej. Du kommer aldrig hitta en så bra tjej som hon", sa han. Det var bra att jag ringde honom. Jag var nära att göra slut med henne.

- "Älskling, kan du hämta din bil och hämta mig" sa Afomuia. Det var första gången hon kallade mig älskling.

Kapitel 16

Klockan var 21:00 på kvällen.

-"Vad händer, älskling" frågade jag .Jag skämdes lite att jag kallade henne "älskling" som hon kallade mig.

- "Jag orkar inte vara här. De ville inte att vi ska vara tillsammans på grund av att du har barn. Jag har redan packat mina kläder, snälla kom och hämta mig" sa hon medan hon grät.

- "Jag kommer snart" Sedan sprang jag till parkeringen och körde till Rinkeby. Hon väntade på mig vid porten med sin resväska.

Vi åkte till Alby. Hon var så förvånad över att jag hade en så fin lägenhet. Hon tog direkt ansvar för den och började direkt möblera hela lägenheten. Jag var så stolt över henne. Den dagen var jag bjuden på en dop fest hos en kompis i Alby men Afomuia ville inte följa med. Jag ville att alla mina kompisar skulle se henne. Men hon ville stanna hemma. Jag gick utan henne och stannade på festen till klockan 2:00 på natten.

När jag kom hem såg jag på balkongen att vardagsrummets lampa var tänd. Jag viste att Afomuia väntade på mig. När jag kom hem lyssnade hon på musik. Det låg över 20 stycken skjortor på bordet. Hon hade strukit dem. Jag viste inte att jag hade så mycket skjortor.

När för första gånger Afomia flyttade hos mig i Alby

Dem hade jag bara tryckt in i garderoben. Efter några månader började jag läsa psykiatri på Komvux. Jag orkade inte jobba med äldre för att det var ett mycket stressigt och tungt arbete. En dag var jag i skolan och stannade där hela dagen. Vi hade mycket att göra. Jag kom hem vid kl 18-tiden på kvällen. När jag kom hem satt Afomuia och min lillasyster i vardagsrummet. De var så tysta och TV-n var avstängd. Det kändes konstigt. De hade huvudduk på sig. På fönsterbrädan hade de tänt värmeljus.

- "Vad händer? Är det ok?" frågade jag. Sedan började de gråta samtidigt. Jag viste att det hade hänt något med min pappa. Då berättade de att pappa hade gått bort. Jag började också gråta som vanligt. Jag förväntat mig att jag skulle reagera så när jag i alla fall någon gång skulle få höra detta. Afomuia informerade alla mina kompisar och mina släktingar om att min pappa hade gått bort. Nästa dag kom mycket folk. Mina kompisar ordnade en lokal i närheten. I tre dagar satt vi i lokalen.

Samma dag fick Afomuia meddelande från Migrationsverket att hon skulle lämna landet. Hon blev av med sitt arbetstillstånd. Det var min värsta dag. Min pappa dog och nu skulle hon tvingas lämna landet. Hon fick också brev från polisen att hon skulle komma på onsdagar och på fredagar för kontroll tills dess de utvisade henne. På den tiden gick jag skolan och läste psykiatri på Slagsta gymnasium. Jag berättade för min lärare att jag skulle åka till Eritrea på grund av min pappas död. Läraren berättade att det kunde var svårt att avbryta skolan eftersom det var sista terminen.

Men hon gav mig ett alternativ, att jag skulle få läxor när jag reste. Jag tog med mig mina böcker. I Eritrea viste jag att det skulle bli en utmaning. Men jag måste kämpa. Efter en vecka åkte jag dit. Afomuia lämnade jag med min syster. Jag var så orolig för att lämna henne.

När jag kom till i Eritrea väntade min bror Tedros på flygplatsen. Vi åkte hem med taxi. Jag var van att pappa hämtade mig på flygplatsen varje gång jag kom till Eritrea. Det kändes som jag skulle träffa honom hemma. När vi kom nära vårt hus såg jag ett stort tält på gården. Då bröt jag ihop och satte mig på golvet.

"Vad gör du Tadde? Du måste sluta! Din Mamma är så ledsen. Du måste vara stark" sa Tedros. Det var sant. Om jag gråter skulle min mamma bli ledsen. Sedan slutade jag gråta och gick in i tältet. Där var mycket folk. De hade sovit i tälten i över en vecka. Efter några dagar ordnade jag begravning och vi hade ceremoni för pappa. Jag stannade i en månad i Eritrea. Jag berättade för min mamma att jag hade träffat en bra tjej. Mamma blev glad när jag berättade om Afomuia. Jag trodde hon skulle bli ledsen för att jag träffat en tej. Jag saknade Afomuia så mycket och ringde henne nästan varje dag. Vi var nykära och nu skulle hon utvisas. Jag mådde dåligt när jag tänkte på att hon skulle utvisas till sitt hemland. När jag kom tillbaka till Sverige väntade Afomuia på mig på flygplatsen med en bukett blommor. Jag var så glad att se henne. Hon berättade att hon hade varit hos polisen varje onsdag och fredag.

Jag började följa med henne till polisen.

Vi lät telefon vara öppen när hon gick in för att jag skulle höra vad polisen sa. Jag var orolig att de skulle utvisade henne. Hennes kusiner varnade henne för att bo med mig utan att vi var gifta. Att bo med någon utan man är gift är emot vår tradition säger de.

Den tiden var jag inte redo att gifta mig eftersom min pappa nyligen hade dött. Allt blev jobbigare för oss. I all denna röra fick Afomuia ett nytt brev från polisen att hon skulle lämna landet inom tre veckor. Jag fick panik. Den enda vi kunde göra var att gifta oss så snabbt som möjligt, annars de skulle utvisa henne. Jag kontaktade hennes släktingar och berättade att jag och Afomuia hade bestämt oss för att gifta oss. Afomuia hade bara några dagar på sig innan den hotande utvisningen. Den 4 februari 2005 gifte vi oss i Huddinge kommunhus. Hennes släktingar ordnade bröllopet på traditionellt sätt. Det var ungefär 80 personer som kom på bröllopet. Där träffades för första gången mina kusiner och hennes kusiner. Jag och Afomuia satt vid honnörsbordet och såg oss omkring på gästerna. Mina släktingar och hennes släktingar började prata med varandra. De flesta av mina kompisar visste inte vem hon var. De var nyfikna på var vi träffades. Det var faktiskt häftigt. Jag var så glad att min bror Fesum kom från Tyskland. Jag var stolt över att han kom till mitt bröllop. Det var också roligt att träffa alla hennes släktingar och vänner. De ordnade allt till bröllopet: Dj ,mat , dekoration, tårta, dricka mm . Nästa dag träffades bara mina kusiner och hennes kusiner för att lära känna varandra. Vi har en tradition som heter "Hamawiti". När det är Hamawiti träffas mannens och kvinnans släktingar och de som hjälpt till under bröllopet för att lära känna

varandra. Sedan vi gift oss skickade jag bröllopsvideon till Migrationsverket för att bevisa att vi var gifta på riktigt. Jag skrev ett långt brev tillsammans med videon. Efter några veckor fick min fru uppehållstillstånd i Sverige. Det var roligt att kalla Afomuia "min fru". Hennes släktingar blev glada. De började ofta komma till oss. Sedan vi lärt känna varandra bad de ursäkt för allt vad som hade hänt. Vi började umgås med dem. Två veckor efter att jag slutat skolan blev jag kallad på intervju på Psykiatriska kliniken, avdelningen 48 på Huddinge Sjukhus. När jag gick till intervjun kom jag tillsammans med Afomuia. I korridoren på sjukhuset sa Afomuia att hon kände sig konstig i kroppen. Hon var irriterad men visste inte vad det var.

-"Kanske du är gravid" sa jag.

- "Jag tror inte det" svarade Afomuia.

Vi hade försökt flera månader att skaffa barn. Sedan fick hon brev från Migrationsverket.

"Ska vi köpa ett graviditetstest på apoteket och testa nu?" sa jag

- "Ok! vi provar" sa Afomuia. Vi sprang in på apoteket och köpte graviditetstest. Sen gick Afomuia in på toaletten som låg bredvid Pressbyrån och gjorde testet. Jag väntade utanför och var mycket nervös för att höra resultatet. När hon öppnade dörren var hon mycket chockad.

- "Älskling, jag är Gravid!". Hon sprang och hoppade på mig.

Vi kramades i korridoren och hoppade av glädje. Folk började stirra på oss. Affi hade väldigt kort klänning och högklackade skor. Hon tog av sina skor och höll dem i handen. Hon hade hört att om man har höga skor på sig kunde man lätt få missfall. Afomuia var en ganska ung tjej och hon viste inte mycket om graviditet.

-"Älskling, jag måste gå hem, jag kan inte vänta här tills du kommer" sa hon. Hon skulle vänta på mig när jag gick på intervjun. Jag gick till avdelningen och hon sprang till bussen utan skor och åkte hem. Det var vår lyckligaste dag. När jag gick ut från avdelningen ringde jag henne och berättade att jag fick jobbet. Hon blev så glad. Hon var redan hemma när jag ringde henne. När jag kom hem hade hon tänt flera värmeljus överallt I huset. Det kändes skönt att vara hemma med henne.

Jag brukade hämta Hermona på fredagar var annan helg. Vi åkte till Jakobsberg och hämtade henne. Hermona var ca 3 år gammal. Vi berättade för Hermona att hon skulle få ett syskon. Hermona började hoppa av glädje. Efter några månader började Afomuias mage synas. Jag började jobba nästan dygnet runt eftersom Afomuia inte hade någon inkomst. Hon hade skuldkänslor för att jag jobbade mycket. Hon hade haft flera jobb tidigare och det blev svårt för henne att sitta hemma. Men efter några månader började hon trivas hemma.

Hennes mage syntes mer och mer. Hon blev så vacker under graviditeten. Hon var väldigt smal och hennes mage var stor. Jag sprang till olika affärer när hon blev sugen på något.

Det varierade från dag till dag. Ibland blev det mineralvatten, ibland apelsin eller pizza.

Efter några månader blev det i alla fall bättre med suget. När det närmade sig att hon skulle föda skickade jag en inbjudan till min mamma. Jag tänkte att hon skulle kunna hjälpa henne eftersom mamma hade stor erfarenhet med barn. Min mamma kom till Sverige en vecka innan Afomuia skulle föda barnet. Vi kände oss tryggare när hon var hos oss. När det var dags att föda åkte mamma med oss till sjukhuset. Hon gick in på förlossningen med oss. När barnmorskorna började stressa började mamma gå runt i rummet och be till Gud. Hon mumlade på sitt språk och var rastlös. Barnmorskorna tittade konstigt på henne.

- "Ursäkta, kan du ta ut din mamma är du snäll. Vi kan inte jobba om hon är orolig" sa en av barnmorskorna. Jag blev orolig att jag skulle missa när min fru födde barnet och körde hem mamma fort. När vi var på väg hem frågade jag mamma varför hon blev orolig. Hon berättade att de brukade be till Gud när någon födde barn. Jag började skratta åt henne. Hon var mycket orolig eftersom de flesta kvinnor i Eritrea föder barn i hemmet och många kvinnor dör under förlossningen. Jag lämnade min mamma hemma och åkte fort tillbaka till sjukhuset. Som tur var är det inte långt mellan Alby och Södertälje. En timme efter att jag kommit till sjukhuset föddes min son Liam (Luwam) den 12 mars 2006 . Jag var så glad att vi fick en son. Afomuia lät min mamma välja namnet. Min mamma gav honom namnet Luwam. Precis som min lillebror Luwam, som gick bort några år tidigare.

Liam ,Mamma , Hermona

I början hade jag svårt att kalla min son Luwam, eftersom det var lite känsligt. När vi valde extra namn hos Skatteverket dopte jag namnet Liam eftersom som det nästan lät som Luwam.

När Liam blivit född var Hermona hos sin mamma. Hermona var alltid i centrum och hon var mycket bortskämd. Hon blev avundsjuk när Liam föddes. Hon sa inget, men man såg på henne att hon blev ledsen. Jag var väldigt ledsen att se Hermona avundsjuk. Jag glömmer aldrig den dagen. Men efter några dagar var hon glad som vanligt. Hon lekte med Luwam hela dagarna. Min bror Fesum kom från Tyskland när mamma kommit. Vi flyttade till större lägenhet på 3 rum i samma område. Vi hade ofta gäster. Det kändes bra att vi blev fler och fler. Luwam var ganska lugn och snäll. Han grät aldrig. Liam döptes i kyrkan efter 40 dagar. Det var stor fest och alla kusiner och kompisar var med på festen. Det var ungefär 80 personer. Jag var glad att min mamma och min bror var med oss. Min mamma åkte tillbaka till Eritrea efter 3 månader. När Liam var 9 månader åkte Afomuia och Liam till Eritrea för att hennes bror Solomon skulle gifta sig. Det var mycket jobbigt för mig att de var borta så länge. Då hämtade jag Hermona oftare. Efter två månader kom de tillbaka till Sverige. När Liam var två år gammal blev Afomuia blev gravid igen. Den 7e April 2008 föddes Johanna på Huddinge sjukhus. Hermona och Liam lekte hela dagarna med henne. När Liam var två år gammal var han en mycket livlig pojke. Vi var oroliga att han skulle skada henne.

Liam och Johanna

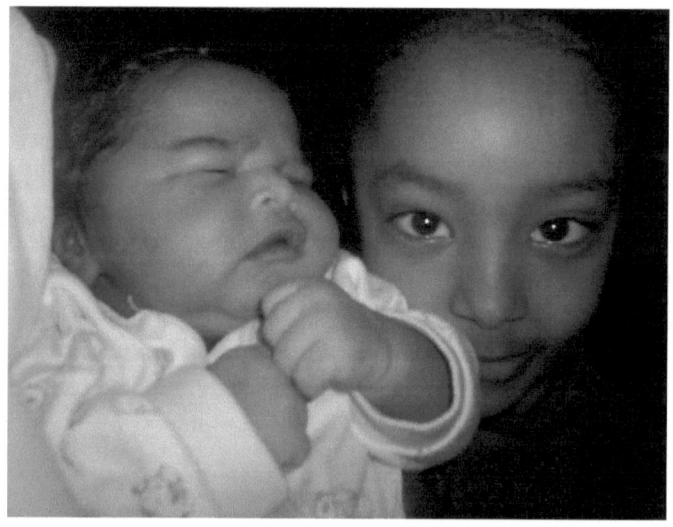

Hermona och Johanna

Han kramade hårt och pussade henne hela tiden. På fredagar
när Hermona kom till oss blev det roligt. Liam och Johanna
blev glada. Vi blev en stor familj. Jag hade alltid drömt om att
skaffa en stor familj.

Johanna var 4 år och vi åkte hela familjen till Eritrea. På
flygplatsen i Eritrea stirrade folk på oss för att vi mer än åtta
resväskor. Vi hade köpt mycket kläder, som vi skulle dela ut
till våra släktingar. När man åker till hemlandet förväntar sig
folk oftast presenter. Som tur var hade Afomuias morbror en
stor pickupbil. Afomuias föräldrar och mina kusiner träffades
för första gången i Eritrea. Jag och min fru var stolta över att
visa våra barn för släktingarna. Hermona kunde prata tigringa.
Därför hade hon det roligare med folk. Liam och Johanna

hade mycket svårt att kommunicera. Vi åkte till flera städer
för att visa barnen våra barn för släkten. Vi åkte till min
pappas och min mammas barndomsby. Jag hade alltid drömt
om att visa dem. I Två månader stannade vi i Eritrea. Det
mesta tiden var vi i Mendefera med min storebror Tedros.

Han har fyra barn. Jag blev ledsen att inte träffa min pappa,
Mamma och mina bröder i vårt hem. Efter pappas bortgång
splittrades hela familjenen över hela världen. Vi gav hela
huset till min bror sedan min mamma hade flyttat till
Sverige.

Kapitel 17

När vi kom hem fick jag ett brev från Rättspsykiatriska kliniken Helix på Huddinge sjukhus. Tidigare hade jag sökt ett jobb hos dem. Jag var så glad att jag fick chansen att jobba inom rättpsykiatrivården. Jag började på avdelning H6.

Människorna som sitter i rättpsykiatrivården har begått brott när de mådde som sämst. Det bästa med att jobba med rättpsykiatrivård är att man ger människor värde. Jag har lärt mig att inte bedöma människor. Jag fick de bästa kollegorna på köpet och vi har alltid roligt på jobbet.

Efter några år träffade jag Mitiku. Han berättade att han separerat från sin fru. De hade två gemensamma barn, en flicka på 15 år och en pojke på 12. Miteku jobbade som busschaufför. När jag berättade för honom att jag jobbade på Rättspsykiatriska kliniken började han läsa psykiatri. Efter 2 år började han på H6. Mitiku var tacksam att få jobba på Rättpsyk. Vi träffades nästan varje dag och pratade ofta om flyktingförläggningarna. Alla mina kollegor gillade honom. Han var rolig som vanligt. Sedan han separerade från sin fru hade han träffat en tjej. Han fick en son med henne. Vi hade jobbat ihop i tre år när Mitiku fick cancer i bukspottskörteln. Efter sex månader dog han, min bästa kompis.När Metiku dog var det många som kom på begravningen. Mitku var välkänd bland etiopier och eritreaner. Det kom också kollegor från avdelning H6 och H5 på Rättspsykiatriska kliniken, som jobbat med oss.

På begravningen ropade en man i högtalare och bad alla närstående att komma fram och så klart gick jag fram. Jag såg vid gravkanten hur Mitikus son Matias tittade ner i graven när man sänkte ner kistan. Det rann tårar från hans kind. Det var så sorgligt att se honom. Mitikus stora dotter stod med sin mamma och grät. Hans fru Meklit svimmade när kistan sänktes ner. Hon hade lämnat sin treårige son Gabrel hos sin mamma. Några killar sprang fram för att hjälpa henne. Hon var avsvimmad länge så de var tvungna att köra henne till sjukhuset. Hon missade därför fortsättningen av sin mans begravning. Det var så sorgligt att se eländet. Efter begravningen åkte nästan alla till en lokal i Norsborg för att säga farväl för alltid.

Samma månad dog också min kusin Akberet, Gebreyohans och min kompis Yonas, Semer .Det var min värsta månad någonsin.

Jag hade alltid drömt om att om jag fick en son så skulle han spela fotboll. När Liam var sex år gammal började han spela fotboll. I början gillade han det inte men efter några månader var han den bäste spelaren i laget.

En dag åkte Liam och jag till Skärholmen för att köpa en Spidermandräkt. Liam älskade Spiderman. Jag köpte dräkten och Liam tog den på sig direkt på tåget.

- "Spiderman" sa två killar, som satt bredvid oss. Liam blev mycket glad. Efter en kort resa kom vi fram till Alby. Det var fint sommarväder och det var mycket folk på Alby torg.

De satt och solade. "Spiderman, Spiderman", ropade några ungdomar som satt på en bänk. Liam började visa sina armmuskler och morrade som en tiger för att visa dem att han var stark. Han var mycket stolt över att bli kallad Spiderman. Det var folk på torget som sålde grönsaker och frukt. Där fanns också många duvor, som gick runt och letade efter mat.

"Nu är det kört för Liam" tänkte jag. Han hatar duvor. Jag ville inte skrämma honom och sa därför inget. Jag hoppades att han inte skulle se dem. Han var ju upptagen med att visa sina muskler. Plötsligt såg han duvorna nära sina fötter och började gallskrika och hoppade upp på mig. Folk började skratta och ungdomarna som satt på bänken sa "Spiderman är rädd för duvor, Spiderman är rädd för duvor". Då blev Liam sur och skämdes. Sedan gick vi därifrån.

Jag har alltid berättat för mina barn hur vi hade det när jag var barn, vilken respekt vi hade för våra föräldrar och hur vi hjälpte till hemma.

En dag tidigt på morgonen kl. 6 skulle jag lämna Hermona till hennes mamma i Jakobsberg. Vi satt på tåget och jag berättade hur tjejer i hennes ålder i mitt hemland hjälpte till hemma med städning och allt. Där är barnen i Hermonas ålder mer mogna. Jag berättade också för henne att i visa delar av landet förlovar sig även tonåringar och sedan gifter de sig när de fyller 18 år. Det sa jag för att lära henne att hon ska hjälpa till hemma. Vid den tiden fyllde Hermona 7 år. Hon var mycket stolt. Hermona hade alltid åkt gratis på bussen. Nu måste hon betala sin biljett.

Men då kunde vi inte köpa någon biljett för det var stängt över allt. Klockan var 5:30 när vi gick till bussen.

"Säg att du är 6 år om bussföraren frågar hur gammal du är" sa jag, för jag hade inget alternativ. "Nej! Jag är 7 år och jag kan inte ljuga" sa hon. "Allt är stängt. Vi har ingen biljett till dig. Annars kan du inte åka hem", sa jag för att vi inte skulle missa bussen. Vi var på väg till Tumba för att ta tåget till Jakobsberg.

"Ok, Ok", sa hon och blev besviken att hon inte kunde säga att hon är 7 år gammal. Efter en stund kom busen och vi steg på. Bussföraren frågade oss inte.

Vi kom fram till Tumba och tog nästa tåg. Efter det vi åkt fyra stationer kom en tjej, som jag känner. Hon satte sig hos oss och började prata med Hermona. Hermona är en mycket pratglad flicka som gillar att prata med folk. "Vad vacker du är " säger nästan alla vi träffar om henne. Hermona gillar när någon pratar om hennes utseende. När vi åkte tåg eller buss och om ingen pratade med henne brukade hon röra vid deras fötter och säga "Oj, förlåt, förlåt", för att få prata med dem.

"Ingen fara" brukade man säga och sen började hon prata med dem.Tjejen som satt med oss frågade Hermona om pappa är snäll och om hon hjälper till hemma. Jag satt bara lyssnade medan de pratade.

- "Vet du", sa Hermona plötsligt och högt, "Pappa säger, att om jag är jätteduktig så ska jag gifta mig när jag är tonåring.

Alla på tåget vände sig mot mig och tänkte "Vad är det för papa som säger så till ett barn". Jag fick panik och började

kallsvettas. Jag signalerade med mina fötter att hon inte skulle säga något mer.

-"Varför sparkar du mig" sa hon. Det blev värre och värre. Sedan började hon berätta mera.

-"Du vet, jag är 7 år gammal. Jag fyller 7 år idag, men pappa sa i morse att jag ska säga 6 år till bussföraren", sa Hermona. Alla vände sig igen mot mig. Jag har aldrig skämts som den dagen och är säker på att folk, de som inte vet hela historien, säger "Vad är det där för en pappa".

Livet började bli tuffare. Jag och min fru hade lite stressigt för att barnen var mycket hyperaktiva. De brukade vakna redan kl sex på morgonen. Sedan brukade de stöka i hela huset. När Johanna var sex år gammal och Liam åtta blev det lite lugnare. De började bli lugna och sova lite längre på morgonen. Jag tyckte det var så skönt att vi kunde vila lite längre på morgonen. En dag kom Afomuia och berättade att hon var gravid igen. Jag ville inte säga något ." Precis när jag började sova" tänkte jag. Vi började från början igen.

Vi fick en flicka som heter Delina. Hon föddes den 16 juli 2014 på Huddinge Sjukhus. Jag hade lovat en kompis att om jag fick en dotter till så skulle hon heta Delina. Så här var historien: En gång åkte jag till Eritrea och träffade min bästa kompis Samuel. Jag och Samuel var kompisar i Etiopien. Han blev utvisade från Etiopien till Eritrea.

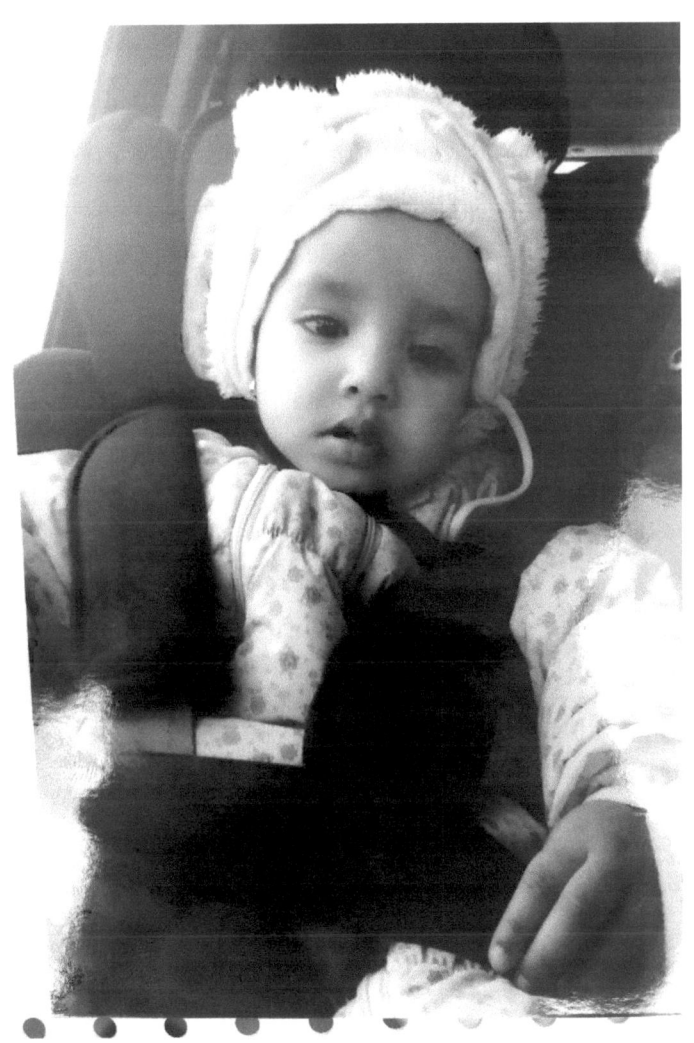

Delina 4 månader gammal

Jag träffade honom i Asmara. En dag satt vi på en cafeteria och drack Tea. Vi satt och pratade om våra barn, "Om du skulle få en dotter i framtiden, då skulle hon heta Delina "sa Samuel. Han älskade det namnet. Jag valde också ett namn åt honom om han

skulle få en son. Det barnet skulle heta Mikias. När jag fick min dotter så döpte jag henne till Delina. Han fick en son och döpte honom till Mikias. Jag och Samuel hade lovat varandra att vi inte skulle glömma varandra på grund av namnen. Det var faktiskt bra. Jag tänker alltid på honom på grund av namnet. Jag var så glad att hon skulle hetas Delina.

Jag köpte en stor minibuss med sju sittplatser för att det inte räckte vår fem-sitts-bil längre.

En dag ringde Afomuias kusin och frågade om Afomuia var med mig. Jag tyckte det var en konstig fråga eftersom han aldrig hade ringt mig förut. Det var han som hade reagerat mest när jag och Afomuia blev tillsammans. När alla hennes kusiner kom till vårt bröllop vägrade han att komma. Afomuia var ca 10 meter bort från mig.

– "Vad händer" frågade jag honom.

- "Hennes pappa har dött idag" sa han.

- "Va, Va så du" sa jag.

- Ja, han blev mördad idag och vi kommer i morgon bitti och berättar för henne" sa han.

- "Med vem pratade du" sa Afomuia.

Hon hörde mig när jag pratade. Hon frågade mig flera gånger vem det var.

- "Det var min kusin som ringde".

- "Älskling, Jag vet när du ljuger" sa hon.

-"Va snackar du" sa jag och låtsades att det var sant. Sedan trodde hon på mig. Jag var orolig hela kvällen och tyckte synd om henne. Samma dag hade hon pratat med sin pappa per telefon. Afomuia hade ringt sin pappa tidigt på morgonen och pratat med honom. Afomuia berättade för sin pappa att hon skulle åka till England för att hennes kompis skulle gifta sig.

- "Jag önskar att du skulle gifta dig här i Eritrea" sa hennes pappa.

- "Pappa jag är redan gift" sa hon.

- "Nej, det räknas inte när du gifte dig utan mig" sa hennes pappa.

- "Jag lovar pappa, att jag ska fråga Tadesse och vi kommer snart och gifter oss i Eritrea ".

Mina föräldrar hade också klagat på mig för att vi gifte sig utan dem. Jag och Afomuia gifte oss utan våra föräldrar på grund av att Afomuia skulle utvisas från Sverige. Det var stressigt och akut när vi gifte oss. Hennes dröm var att gifta sig i Ortodoxa kyrkan med "Kapa och Teklil".

Men vi hade bråttom och gifte vi oss i Kommunhuset i Huddinge. Jag blev orolig och kunde inte sova. Jag blev rädd att jag skulle säga något i sömnen. Min son Liam var förkyld och hade mycket feber. Afomuia kollade honom flera gånger.

- "Älskling vi måste ta Liam till akuten. Han har 40 graders feber" sa hon. Klockan var två på natten.

-"Nej, vi ska inte åka till sjukhuset. Klockan är mycket. Vi kan åka imorgon" sa jag. Hon tyckte det var konstigt att jag inte brydde mig om att han hade hög feber. Men jag var orolig för att hennes kusiner skulle komma klockan sex på morgonen. Jag ville att hon ska sova innan de kom. De skulle komma redan efter fyra timmar. Hon blev arg på mig och ringde efter ambulans. Sedan åkte hon till Huddinge sjukhus. I vår kultur är de så att när någon förlorar någon i sin familj kommer nära anhöriga tidigt på morgonen för att berätta om vad som hänt. Det är därför att jag inte kunde berätta själv. När hon åkte till sjukhuset ringde jag till hennes kusiner och informerade dem om att hon hade åkt till sjukhuset med vår son. Jag lovade att jag skulle ringa dem när hon kom hem.

Afomuia och Liam kom klockan åtta på morgonen. Hon hade inte sovit på hela natten. När de kom var jag vaken. Hon tyckte att jag betett mig konstigt. Jag gick runt i huset och var jag mycket orolig. Jag hade telefonen i handen. Vid 8:30 på morgonen knackade det på dörren. De var 6 personer som kom.

- "Älskling, vem är som knackar så tidigt på morgonen" frågade hon och började stirra på mig.

De rusade in i lägenheten, alla hennes släktningar på en gång. Hon visste att någonting hade hänt. En av hennes kusiner kom fram och höll henne. Sen berättade han att hennes pappa blivit mördad av två män i hans lastbil. Då började hon gråta. Det var så sorgligt att se henne gråta. Afomuia har alltid pratat om sin pappa. Hon älskade honom så mycket. Hon tog på sig skulden för sin pappas död därför att hon köpte lastbilen till honom.

Efter två dagar åkte hon till Eritrea med barnen. De stannade där i nästan en månad. Sedan hon kommit hem från Eritrea började alla hennes syskon lämna landet. De ville inte stanna där sedan deras pappa gång bort. Inom ett år hade alla hennes syskon flytt till olika länder. Min storasyster Alganeshe och hennes familj kom också ungefär samma år. Afomuia var mycket ledsen i flera år men blev bättre och bättre.   Vi blev en riktigt stor familj. Vi började fira jul tillsammans. Jag och min fru bjöd ofta dem som inte hade upphålltillstånd och de som inte hade familj. Jag visste hur det kändes att inte ha familj här i Sverige. När jag bodde på flyktingförläggning var jag ensam när alla andra gick till sina släktingar på julen.

Tiden gick och barnen blev stora .Vi hade alltid rutiner hemma. Barnen sover kl 8 varje kväll och varje fredag sitter vi tillsammans och tittar på film. Vi turas om vem som väljer film. Vi satt i rad i soffan och alla hade filtar. Vi brukade köpa Coca-Cola, chips, och godis. Det var mysigt hemma. Jag uppfostrade mina barn med kärlek. När jag var barn var jag rädd för min pappa fast jag älskade honom så mycket.

Jag ville inte att mina barn skulle uppleva det som jag gjort.

Jag har alltid pratat med dem. Det funkade mycket bra tills en polis ringde mig när jag var på jobbet. Jag kommer ihåg tiden. Det var 2017 den andra april.

-" Hej, är du Tadesse? "sa en man, som presenterade sig som polis .

-" Ja, det är Tadesse" sa jag .

- "Du är misstänkt för barnmisshandel" sa han .

- "Vem är det? Skoja inte. Jag är på jobbet. Det är inte första april. Du är lite sen faktiskt" sa jag.

- "Jag skojar inte. Jag är polis från Flemingsberg. Dina barn är just nu på socialkontoret" sa han. Sedan nämnde han om mina barns skola. Då viste jag att det inte var något skämt.

- "Var är min fru?" frågade jag honom.

- "Hon svarar inte" sa han.

Jag ringde direkt ringde till min fru och berättade vad manen sagt. Hon började skrika. Jag gick till min chef och berättade att jag måste gå hem.

Jag åkte hem och hämtade min fru. Sedan åkte vi till polisen i Flemingsberg.

- "Hej, är det Tadesse "sa polisen som väntade på oss.

- "Ja det stämmer" sa jag.

Han berättade att jag och min fru skulle förhöras i olika rum.

- "Du vet att du blev anklagad för misshandel" sa polisen.

- "Va snackar du. Jag förstår inte vad du menar".

- Du har misshandlat dina barn" sa polisen. Han frågade mig
om jag ville anlita en advokat.

- "Jag vill inte ha någon advokat. Jag klarar mig själv för att
det är lögn" sa jag. Han ställde mycket frågor om jag hade
problem med utbrott.

- "Lyssna! jag är emot våld. Det är därför jag jobbar med
rättpsykiatrivård. Jag fattar inte vad ni håller på med. Jag vill
inte försvara mig längre. Jag vill inte prata med dig" sa jag.
Sedan avslutade vi samtalet.

De ställde samma frågor till min fru. De frågade henne om jag
hade utbrott och slå barnen. Min fru började garva.

- "Vet du, min man är snäll mot barnen. Jag brukade bråka
med min man om att han kunde bli lite hårdare mot barnen.
Han älskar sina barn special Liam. Polisen berättade att det
var Liam som anklagade mig.

Liam var 10 år gammal. Polisen berättade att det var skolan
som anmält mig. Tidigare hade vi haft bra kontakt med
lärarna. Vi frågade varje dag om Liam hade ätit mat och hur
han hade haft det under dagen.

Nästan varje dag frågade vi om hans skolgång.

Vi hade till och med krävt skriftligt rapport varje dag om honom.

Det var märkligt att hans lärare aldrig nämnt om misshandel för oss. Jag blev faktiskt besviken på hans lärare, som vi trodde att vi hade en bra kontakt med.

Polisen berättade för oss att Liam hade sagt att jag "sparkade honom i magen". Jag började skratta. Vad kommer det i från? Jag tyckte det var konstigt och påhitt. Efter polisförhöret åkte vi till socialkontoret för att träffa våra barn. På väg dit började Afomuia gråta. Jag tyckte det var sorgligt att de hamnat hos socialen. Inte mina barn i alla fall tänkte jag.

Vi kom till socialkontoret vid kl 17:00 på eftermiddagen. Två kvinnliga assistenter stod i korridoren och väntade på oss. Liam och Johanna var med dem. Liam sprang mot mig och hoppade på mig. Han började pussa mig på kinden. Han brukade alltid göra så när jag hämtade honom. De två kvinnliga assistenterna tittade på varandra.

- "Hej Liam, har jag någon gång slagit dig" frågade jag honom inför dem för att bevisa att jag var oskyldig.

"Nej pappa du har aldrig slagit mig. Du är bäst pappa" sa Liam. Liam brukade säga. "du är bäst ".

-"Varför har du sagt till polisen att jag slog dig i magen".

- "Pappa, vad ska jag säga när polisen frågade mig.

157

Det är pinsamt att inte säga något till polisen. Du vet pappa att han är polis" sade Liam inför assistenterna. Jag viste att jag skulle övertyga dem. För jag har aldrig slagit min Liam. Jag älskar hnom så mycket. När jag ser på Liam brukar han påminna mig om min lillebror Luwam, som gick bort för 15 års sedan. De var lika också till utseendet.

- "Ni måste ordna en kompis som skall sova över hos er, annars placeras barnen i familjehem" sa en av socialsekreterarna.

-" Va!! Vad menar ni" sa jag och Afomuia samtidigt.

- "Vet ni, vi har inga kompisar som kan komma och sova hos oss. Alla våra kompisar har sina familjer "sa vi.

-" Björn då ?" Sa en av sekreterarna. Liam och Johanna hade berättat att Björn var en av mina bästa kompisar. Björn var en äldre man. Han var 78 år gammal. Björn var en snäll gubbe som brukade hjälpa mig när min bil gått sönder. Han är en mycket händig man, som kan laga allt.

- "Jag tror inte Björn kan komma och sova hos" sa vi ."Men om ni vill kan min mamma komma och sova hos" sa jag.

- "Får jag fråga er? Varför ska folk sova hos oss".

- "Någon måste vara där för barnens säkerhet". Det var det värsta som vi hade upplevt sedan vi hade skaffat barn.

Vi hade kärlek, bra rutiner, roligt och vi levde ett riktigt familjeliv. Vi började träffa socialen tre gånger i veckan. Min kompis Kebe, hans fru och Björn gick flera gånger på utredning och utbildning. De försökte lära oss hur föräldrar skulle vara, som om vi inte visste något. De kom flera gånger till oss och tittade hur vi levde. När de kom till oss blev de förvånade över hur vi levde. Alla mina barn försökte sitta i mitt knä. De började bråka med varandra för att få sitta i mitt knä. De brukade ofta göra det. Efter den dagen ville socialen avsluta ärendet. De beundrade oss för hur kärleksfull familj vi var. Hela processen tog sex månader. Även barnen hade det jobbigt. De åkte med oss flera gånger per vecka till socialen. De började gråta när vi åkte dit. Det var faktiskt jobbigt för barnen att åka tre gånger per vecka till socialkontoret, Jag började undra varför Liam berättade i skolan att jag hade slagit honom. Tidigare hade min fru tagit hans telefon ifrån honom. Han blev av med den i två veckor på grund av att han hade gjort något dumt i skolan. Liam var arg på oss och försökte få tillbaka sin mobil. Då började han berätta för sin lärare att pappa och mamma inte var snälla mot honom. Hans fröken frågade honom om vi brukade slå honom. Liam sa att "pappa brukar slå mig hårt på magen". Liam trodde att hans fröken skulle tycka synd om honom och att hon skulle hjälpa honom att få tillbaka sin mobil. Men vi hade kontakt med hans fröken nästan varje dag. Hon hade aldrig nämnt något om vad Liam hade sagt till henne. Hon bara anmälde oss. Vi som frågade henne varje dag om Liam hade ätit mat, vi som frågade hur Liam hade haft det under dagen. På Socialkontoret hade de pratat med barnen om deras rättigheter i nästan 6 månader.

Då började våra hemrutiner falla bort för gott. Våra barn började vägra sova kl. 8 på kvällen. De började de hota med att ringa till polisen. När vi krävde något började de bråka med oss. Vi vågade inte ens säga något till dem. Jag började fatta hur många människor som blivit anklagad av misstag känd det och vilken makt socialen har över andras liv. Missförstå mig inte. Det är bra att det finns hjälp för dem som blir misshandlade på riktigt av sina föräldrar. Från den dagen blev det ofta bråk hemma hos oss.   Efter några månader flyttade vi från området. Vi köpte en bostad på fyra rum och kök i Tullinge centrum. Det är ett mycket fint och lugnt område. Liam började klaga för att vi flyttade från Alby. Han saknade sina kompisar. En dag stod han på balkongen och titta ut. Det var tyst hela området. Man såg från balkongen bara skog och en liten lekplats för barn. Han stannade länge på balkongen och såg sig omkring. Det var vid klockan sex på kvällen.

-" Pappa , kom hit ! Vad skönt. Jag ångrar inte att vi har flyttat hit. Jag känner mig lugn" sa han. Liam hade alltid hatat hög ljud. Jag gick ut på balkongen och satte mig med honom. När vi bodde i Alby, brukade vi sitta på balkongen. Det brukade vara mycket folk ute varje kväll. Barnen spelade fotboll, tjejerna cyklade och föräldrarna satt på gården och grillade kött och drack kaffe. Folk var ute varje dag till midnatt. På något sätt var det mysigt. Här var det helt tvärtom. Det tog flera månader att vänja sig. När de började skolan blev det mycket bättre. De träffade många nya kompisar. Liam var en väldigt social kille när han var yngre. Han hade lätt att skaffa kompisar.

Han började ta med sig många kompisar hem till oss. För Hermona blev det lättare att komma från Jakobsberg. Hon tog bara direkttåget till oss. Tidigare fick hon byta flera bussar för att komma hem till oss. Johanna började skola nära oss. Delina fick plats på dagis i samma område. Vi började trivas bra. För mig blev det mycket närmare till jobbet. Det är bara två km från oss. För min fru blev det samma avstånd som tidigare. Varje jul firar vi tillsammans med mina syskon och min frus syskon hemma hos oss. Vi blev över 25 personer. Barnen blev glada när de träffades. Men nyårsafton brukar vi fira med mina kompisar. Min frus syskon och mina syskon firar det med sina kompisar eftersom det inte finns plats för alla. Ibland känns det tråkigt att vi inte kunde firar nyår tillsammans. Jag och mina kompisar hade firat nyår tillsammans i över 20 år.När vi började firar nyårsafton var vi sex kompisar ,Vi blev 12 stycken när vi gifter oss .Alla har minst fyra barn och vi blev ca 34 personer tillsamans .Varje år turas vi om nyårsfyrandet.

- "Titta Tade vad vi har skapat" sade Kebe, när alla barn sprang överallt. Det blev höga ljud i rummet. Det kändes roligt att se dem. De äldre barnen brukade sitta på rummet och prata. De mindre spelade spel och killarna brukade spela fotboll ute på gården. De mindre barnen springer runt i huset. Roligast är att alla barn trodde att de är släkt varandra. Jag är stolt över vad vi har skapat. När jag tänker efter känns det overkligt. Jag som kom ensam till Sverige när jag var ung och inte hade några släktingar alls. Då var jag mycket ledsen och nu är jag omringad med mycket människor, som jag älskar. Visst är det helt fantastiskt.

Sommaren 2021 tog Hermona , Sami Och Michal studenten.
Och Kom alla mina kompisars barn för att frira

Min dotter Hermona är äldst av alla barnen. Det var jag som skaffade barn först före alla. Barnen hade mycket bra kontakt med varandra. För första gången på 20 år kunde vi inte fira Nyårsafton tillsammans på grund av coronaviruset. Ingen vågade diskutera hur vi skulle fira just nu. Det kändes i alla fall att det inte kommer bli något nyårs firande.

Just nu är Hermona 18 år gammal. Liam är 14 , Johanna är 12 och Delina är 6 år gammal. Jag började tappa kontakt med mina kompisar på grund av coronaviruset. Ingen vågade träffas längre. Skolor blev stängda och Barnen började läsa på distans hemifrån. Det är många människor som har förlorat sina jobb Som tur är jobbar vi inom vården och har fortfarande jobb. Vi har börjat leva efter 2 metersregeln. Alla började bli paranoida. Om någon nyser har folk slutat säga prosit. I stället blir folk misstänksamma och tittar konstigt. När jag började skriva boken var det 3900 personer som hade dött på grund av viruset och över 40,000 personer som blivit smittade. Jag började skriva boken i Mars 2020. Nu är det augusti 2020.

På 6 månader dog över 5715 människor och över 87200 blev smittad. Allt blev stängt. Skola, simhall, bio, djurparker, stadium ja nästan allt. Fotboll började spelas utan publik. Helt enkelt började livet bli tråkigt. Allt blev online. Även kyrkan blev på Facebook. Många människor började delta i kyrkan. Min fru började delta i kyrkan på Facebook och började be varje dag. Jag började också lyssna tillsammans med henne. I grunden var hon religiös. Jag och Afomuia har alltid diskuterat om vi skulle gifta oss i kyrkan, som varit hennes dröm.

Tidigare hade vi gift oss borgerligt i Kommunhuset. Under juni och juli började restriktionerna lätta. Kyrkorna började öppna, men max 50 personer fick gå in i kyrkan. Man måste boka tid om man vill gå i kyrkan. Jag hade alltid tyckt att det skulle vara pinsamt att sig gifta igen för att vi hade haft mycket fester under de 15 åren. Vi hade haft dop, födelsedagar och olika fester.

- "Älskling, vi kan gifta oss i kyrkan om du vill" sa jag".

- "Är det sant?" sa hon.

-" Ja, vi kan boka tid och gifta oss" sa jag . För mig var perfekt, tänkte jag eftersom vi inte behövde ha någon stor fest då vi redan var gifta. Vi bokade för sju personer i kyrkan. Vi gick dit med våra barn. Vi hade alla vita kläder på oss. Min son Liam och Afomuias bror Araia stod på min sida och mina flickor och min mamma på min frus sida. I kyrkan fanns två par som skulle gifta sig samtidigt med oss.

Prästen hämtade en krona med guldfärg och kapa, som han lade på bordet till alla. Sedan började prästen be och välsignade kläderna som han gav oss. Efter 15 års tillsammans under all katastrof gifte Afomuia och jag oss för andra gången och vi lovade inför Gud och kyrkan att vi skulle leva tillsammans för alltid och resten av våra liv.

SLUT

Bröllopet med Kappa och Teklil

Stort tack Leif, Strömberg Britt Strömberg och Ludvig Willer för allt stöd jag fått under mitt arbete med boken och hjälp med korrigering av det svenska språket. Jag uppskattar verkligen att ni tog er tid och hjälpte mig. Stort tack till mina kompisar vars namn står på boken, utan er skulle det inte blivit en Bok.

Inte minst tackar jag min fru Afomuia, som haft så stort tålamod alla de kvällar hon lät mig skriva och mina barn Hermona, Liam, Johanna och Delina för att ni stod ut med att jag skrev också under våra Fredagsmys. Boken är också till minne av min pappa Kassa Baraki, min svärfar Nuguse Araia, mina bröder Asmerom , Luwam och min bästa kompis Mitku .

171

Hermona i 19 års ålder

Liam i 15 års ålder

173

Johanna i 13 års ålder

Delina i 7 års ålder

Mamma blev glad när barnbarnen kom på besöka henne

Afomia åkte till Eritrea när hennes lille bror gifte sig.

Vi träffade hela familjen i Tyskland när min lille bror
Fisum gifte sig. Min mor bror Brhane är också med till
vänster om bilden .

© 2021 Tadesse Kassa
Förlag: BoD – Books on Demand, Stockholm, Sverige
Tryck: BoD – Books on Demand, Norderstedt, Tyskland
ISBN: 978-91-8007-711-8